中国历史上的基本经济区

冀朝鼎 著
岳玉庆 译

浙江人民出版社

中国历史上各个时期基本经济区位置图

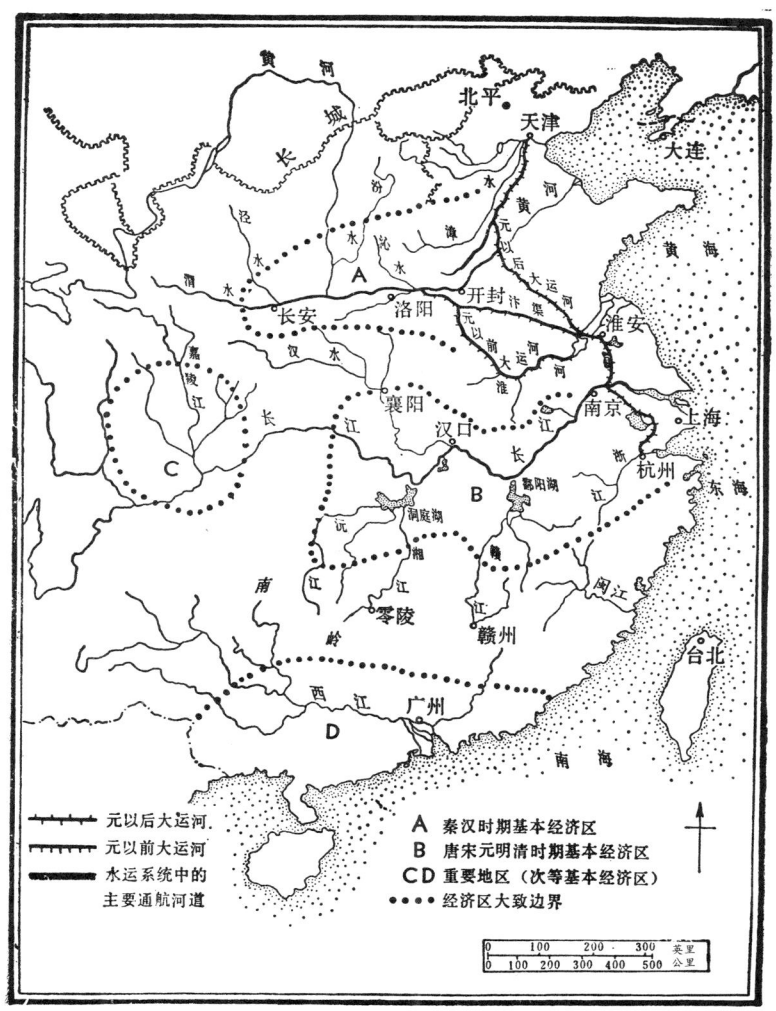

目 录

1　序　言

1　第一章　基本经济区的概念及其与水利事业的关系

11　第二章　中国治水的地理基础和经济区划

35　第三章　历朝治水活动的地理分布统计

45　第四章　承担中国国家经济职能的治水的起源

71　第五章　作为基本经济区的黄土地区和黄河流域中部

91　第六章　从黄河流域向长江流域的过渡

109　第七章　长江流域的经济统治地位

143　参考文献

162　出版后记

序 言

　　本书提出了基本经济区的动力学这一概念，对了解中国经济史大有裨益。通过对修建灌溉防洪工程和运河的历史研究，追溯基本经济区的沿革发展，明确基本经济区作为控制附属地区的工具和政治斗争武器的功能，揭示其转移过程及其与中国历史上兴废更替之间的动态关系，并以此为契机，对中国经济发展的一个方面进行具体的、历史性的描述分析。本书并非重新解读整个中国历史，然而，如果能证明基本经济区这一概念有助于解决中国历史的某一个根本问题，也许对中国历史发展全过程的理解和解释就会发生改变。为了正确看待这一理论并说明它可能的拓展和进一步应用,我也许应该略微说明一下自己从事中国历史经济研究的一般方法。

人类谱写历史,不仅是借助历史流传下来的某些背景知识,某种程度上还重新阐述着过去的历史。这是因为历史本身就具有历史属性,只能根据各个时代的经验,被其所理解、所利用。新经验会带来新的历史认识,根据新的理解,可以阐述新的问题,重新考查新旧证据,从大量看似无用的数据中遴选出重要事实。因此,历史必须不断重写,以满足每个特定时期的人类需要。历史重写,是人类努力驾驭历史力量的一部分,这一任务在历史进程的每个转折点都显得特别迫切。

自从 19 世纪中叶"中国开放"以来,重写中国历史的问题日益突出,这不仅针对中国知识界,而且也针对世界知识界。通过开拓世界市场,资本家的对外贸易和投资已经创造了一种相互依赖的世界经济,使不同民族的发展不均衡的社会经济体制卷入世界历史的湍流之中。中国历史不再是一个国家的历史,它已经汇入世界历史的河流。西方的体制已经严重影响了中国人的生活;反过来,中国人的生活也成了西方生活的一种重要元素。这种局面产生的深远影响,集中体现在 1925 年至 1927 年的大革命及后续发展中,数百年来第一次把中国社会动力学的最根本问题摆在了最为显眼的位置。

经济史,或者说辩证经济学,承认一个事实:要了解今日中国的根本问题,不能只靠研究当代的情况,必须从历史的角度去研究,尽力解决应我们这个时代的需要而提出的中国历史的基本问题，发现支配中国历史发展的主要趋势。当然，这一研究的主要目标是历史和社会经济的综合。

但是，综合和分析是同一过程的两个方面，无法机械地分开。综合意味着建立或者组织，分析意味着分解或者分割。然而，因为两者都排斥杂乱无序和随意为之，所以有一点十分清楚：不首先进行分解，弄明白各部分的意义，便不可能进行建立；同样，不首先弄明白各部分是如何组织在一起的，也不可能进行分解。把这一原则用于历史书写，意味着把分析研究特殊问题得出的主要看法进行系统综合；如果没有一种普遍方法指导梳理错综复杂、看似无意义的数据，分析也不会行之有效。这两个概念之间显而易见的矛盾，真实地反映了它们的辩证关系；它们都代表了科学调查这同一过程所必备的两个方面。一本书也许主要是综合的产物，或者主要是分析的产物，但是只有明确或者暗中认识到两个概念之间的密切关系，调查研究才会有成效。

我研究经济史的最终目的是综合，但是本书主要以分析为主，通过分析研究大量之前未曾接触过的原始材料，追溯中国历史上灌溉和防洪的发展。这些涉及灌溉和防洪的材料都隐藏在地方志、中国水利专著和正史中。我研究的总体方向，大半基于我的预想和总体研究方法，特别是我对中国历史上灌溉和水运相应重要性的认识。然而，在仔细查阅了美国华盛顿特区国会图书馆的大多数可用资料之后，我才确信治水对中国历史的重要性，才萌发出基本经济区及其与中国历史上统一和分裂的关系这一概念。目前这本书，完成于1934年4月，后来经过稍许修改；它代表着我在此领域的一些初步尝试，即界定概念，研究中国治水和经济区划的地理基础，以及简单追溯中国历史上基本经济区转移等方面的问题。

因此，分析研究治水历史的原始材料后，产生了一个新概念，这个新概念又用作界定治水发展历程的手段。但是，一个概念就像一盏灯——一旦点上，照亮的就不仅仅是房间的一个角落。基本经济区这一概念，可以用来阐述中国历史的每个基本问题。它强调的是中国经济的地方和区域特征。秦始皇（前221—前210年）成功打破了战国时期各个国家之间的封建障碍，但是他取得的统一是松散的统一。不像现代国家一样，依靠经济联系凝聚在一起，这种统一是通过控制基本经济区进行军事和官僚统治而实现的。因此，它不可能长久，一旦基本经济区的主导地位受到挑战，统治者就会失去立足之地和补给来源。分裂和混乱就会随之发生，直到新的统治者扎根于一个基本经济区，并依靠经济区重新实现统一。这就是中国古话"合久必分，分久必合"的真正含义。这是一条铁的法则，它准确描述了中国历史从第一个皇帝到19世纪闭关状态被打破的半封建时期的一种基本趋势。

基本经济区的存在，促使土地制度和税收方法产生地理差异，加强了不同地区不均衡发展的自然趋势。它还影响了商业资本的分布，并为其发展创造了不同的条件。土地制度、税收以及商业和高利贷资本的发展程度存在差异，意味着社会特征和地方统治集团权力的差异、剥削程度的差异、占人口绝大多数的农民生活和工作条件的差异。这些差异的性质永远无法改变中国广阔领土上基本同质的社会结构，但是却足以影响阶级斗争——特别是农民战争——各个方面的发展。此外，尽管基本经济区的理论解释的不是地主拥有大庄园的长久趋势，不是商业资本的增长及阻止其发展的力量，不是官僚、地主、商人和农民之间的对立，也不是内部经济的周期性衰退和崩溃——总之，这一理论虽然不解释阶级斗争，却揭示了决定阶级斗争发展进程的一种重要影响因素。

我们暂且考虑一下基本经济区对农民战争的影响，农民战争一直都是中国社会危机的顶点和最尖锐的表现，因此值得当作中国历史的基石进行研究。当一个社会经济周期——通常与一个王朝时代相同——终结时，当对农民的剥削加重而生产衰退时，当奢侈和腐败削弱了统治力量时，当政府濒临破产而贫困人口面临饥饿时，农民通常就会揭竿而起，拒绝交租缴税，拒绝偿还债务，袭击和抢劫富人，洗劫政治权力和行政中心。这种运动通常始于各地的一系列叛乱。由于中国各地经济都自给自足，联合农民的分散力量困难重重，迅速结束任何这种斗争几无可能。在长期的斗争中，各地的地理和经济状况限制了某些团体的发展，促进了其他团体的发展。这种斗争是反对政府的斗争，也是一个消除敌对团体的痛苦过程。通常，具有地理、经济方面优势和出色领导能力的团体，都在斗争中脱颖而出，掌控全局。在此考虑地理位置的重要性，与其说是从战略角度，毋宁说是从经济学的角度。我计划以农民战争的历史为背景，具体地研究这个问题，由此将会看出，基本经济区的理论将有助于理解许多迄今为止没有得到解释或者被误解的事件。

因此，尽管区域关系问题并非中国历史的中心问题，基本经济区这一概念也并非解释整个中国历史的主导概念，但是应该认识到：在区域自然经济条件下，这种理论具有特殊意义，能极大地促进我们对整个中国历史进程的理解，还为研究帝国主义冲击造成的影响以及为当代中国问题提供研究背景。要想认识这种观点的全部意义，还需要撰写许多有关这一理论应用的论文和专著。仅仅是水利史问题，我就收集了大量资料，尚有许多仍未派上用场。要出版的这本书只能算作开始。其主要概念有待于检验，需要与中国历史的其他主要趋势联系起来；它隐含的多种意义，已经在前两段中加以概述，但是仍然需要进行阐述。在这些可能性的基础之上，我也正酝酿新的研究计划。如果条件许可，我希望中国丰富的历史文献——大多数尚未进行过科学审查——能产生有益的观点，可以证实、加强或者纠正基本经济区这一概念。

我希望向华盛顿特区国会图书馆的员工，特别是东方史料部主任恒慕义（Arthur W. Hummel）博士，还有他的助手 B. A. 克莱特（B.A. Claytor）先生、坂西志保（Shio Sakanishi）博士和韩寿萱先生，表示真诚的感谢，因为他们让我利用了图书馆里的优秀藏书，并提供了理想的研究条件。我对弗拉基米尔·G. 西姆柯维奇（Vladimir G.

Simkhovitch）、约翰·E. 奥查德（John E. Orchard）和富路德（L. C. Goodrich）三位教授也深表谢意，他们对本书有兴趣颇浓，通读原稿并提出批评性意见。我还要感谢 K. A. 魏特夫（K. A. Wittfogel）博士，他在中国经济与社会史方面的启发性贡献，证明对这一领域中的许多其他工作者具有重要的指导作用；另外，他还热心地通读了全稿，提出了许多宝贵建议。我还应感谢两位朋友：罗斯·马库斯·科（Rose Marcus Coe）夫人阅读了原稿校样，弗兰克·弗吉尼亚·科（Frank Virginia Coe）先生阅读了原稿，他们都提出了宝贵的批评性意见。我也感谢《太平洋事务》的编辑欧文·拉铁摩尔（Owen Lattimore）先生，他的帮助无以言表。拉铁摩尔先生精心审阅全稿，提出了无数重要和详细的编辑意见，并热情地推荐出版。我也要感谢太平洋关系学会美国委员会及其秘书弗雷德里克·V. 菲尔德（Frederick V. Field）先生和其他工作人员，正是由于他们的帮助，本书才得以出版。最后，我要向妻子表达无尽的感谢，并将此书献给她，因为没有她的关心与鼓励，本书将绝对无法完成。

冀朝鼎
1935 年 2 月于纽约布鲁克林

第一章 基本经济区的概念及其与水利事业的关系[①]

概　述

1671年，清朝著名大臣慕天颜在呈送给皇帝的奏折中言明："兴水利，而后有农功；有农功，而后裕国。"[②] 这句话概括了治水、农业生产率和中国国库状况三者之间的密切关系。这种公共工程的历

[①] 本章的主要内容曾经于1934年4月4日在费城举办的美国东方学会第146次会议的远东分会上阐述过，并于1934年12月发表于《太平洋事务》第4期第7卷，题目是《中国历史上统一和分裂的经济基础》。
[②] 《苏州府志》，第11卷，第3—4页。

史，已经存在于许多世纪以来的记载中，对评价中国历史上统一和分裂的经济基础，具有独特的价值。

发展水利或者修建水利工程，目的是提高农业生产率，便利交通，尤其是方便运输漕粮，这在古代中国实质上是国家的一项职能。修建的灌溉水渠、陂塘、排水与防洪工程以及人工水道，大部分都是公共工程，因此它们与政治都密不可分，成为历朝历代社会和政治斗争的重要政治杠杆和有力武器。这些公共工程的兴建和目的，主要不是出于人道主义的考虑，而是取决于自然条件和历史条件以及统治阶级的政治目的。在中国历史的各个时期，有些地区会比其他地区更受重视。每一个受重视的地区，官方都会以牺牲其他地区的利益为代价，进行重点发展，目的是建立或者维持所谓的"基本经济区"。

借助基本经济区这一概念，能够分析中国经济基地的作用，这种基地为对附属经济区进行政治控制提供了支点。由此，便可以研究中国经济史的一个重要方面，从政治权力与地区关系的角度研究，并针对农业生产率的提高加以阐述；生产率的提高，是通过灌溉、防洪和建设主要为政府运送漕粮的人工水道系统实现的。没有其他方法能够如此清楚地说明政治权力与中国地理区域之间的关系，解释一个地区屡屡主导另一个地区的原因，阐述在区域差异如此明显的辽阔土地上实现政治统一的方法。在这一点上，需要着重指出，区域经济地理影响了中国农民起义的历史（这些起义经常导致改朝换代），因为它既为起义提供了据点，也使起义成功的可能性或增或减。

公元前 3 世纪古典封建主义结束后，中国迎来了一个领土扩张、经济中心转移和政治控制不断更迭的漫长时期，但是实际上，无论是社会性质还是政治上层建筑，都没有发生改变。直到 19 世纪中期中国的闭关锁国状态被打破之后，这一时期才宣告结束。因此，这个时期几乎涵盖了整个中国历史，从帝国或者王朝统一，一直到西方列强侵略中国。在此时期，可以观察到两个明显的动向：一个是统一和分裂的交替更迭，这种现象是在社会经济发展水平和社会结构都几乎毫无变化的条件下发生的，也就是所谓的停滞不前；另一个是中华文明由北向南发生了转移，从黄河流域中部转向长江流域中部，这明显是一种发展现象。在从黄河流域中部向长江流域中部推进的过程中，各个地区的相对力量和政治重要性都逐渐发生了变化，作为区域控制中心问题的基本经济区也发生了相应的变化。因此，如果不考虑这一现象中的外部侵略、农民起义、商业发展及其他因素的影响，那么领土扩张以及经济与政治重心变化（但是社会或经济形式都未发生结构变化）的问题，就成为基本经济区转移的问题；解决这一问题，便成为了解中国历史的关键所在。

基本经济区的定义

在本书所涉及的漫长时期内，中国经济体系主要是由几十万个村庄构成，这些村庄或多或少都能自给自足，为了便于行政管理或者军事行动，它们被编为更大的单位。与现代的"省"相当的更大政治管理单位，在汉朝（前206—220年）①就已经存在了。这一名称随着朝代更替有所改变，各个省的边界也经常发生变化；但是，这一省级单位，从古至今几乎没有改变。然而，根据主要地形划分和经济因素，这些省级单位又被编为地理区域。这种地理区域的轮廓，在动荡和分裂时期便尤为重要。例如，把秦朝（前221—前206年）和汉朝（前206—220年）之际、隋朝（581—618年）和唐朝之际（618—907年）动荡时期的地图，与三国（220—280年）、南北朝（420—589年）和五代（907—960年）动荡时期的地图进行比较，这一事实便显而易见。② 中国商业的发展，从未达到能克服农业经济的地方性和狭隘的排他性的水平。这些区域高度自给自足，彼此独立；在没有机械工业、现代交通通信设施和先进经济组织的背景下，现代意义上的国家集权是不可能的。在这样的条件下，中国的统一或者国家权力的集中，只能意味着控制一个经济区的问题；在此经济区内，农业生产率和运输设施使缴纳漕粮成为可能，而且要远远胜过其他地区，因此任何一个团体，只要控制这一经济区，就掌握了征服和统一全中国的关键。因此，这种地区被定义为"基本经济区"。

---

① 本书作者所注朝代起止年份与现今多有不同，编者改为现今通行朝代起止年份。——编者注
② 欧阳缨：《中国历代疆域战争合图》，中国武昌，1930年。

漕粮的功能

在中国历史上,税赋主要是以实物缴纳的,由此可见漕粮的重要性。漕粮是皇族、中央官僚和卫戍部队的主要粮食来源。清朝高官董恂在关于大运河一书的作者序中,清楚地描述了漕粮的功能。原文如下:

> 京师控天下上游。朝祭之需,官之禄,主之廪,兵之饷,咸于漕乎取给,而饷为最。综材官、技击、厮养、美卒,名载饷册者,十七万人。家以八口计,则食饷者百有三十有六万;即家五口,食饷者亦宜八十有五万。此断非籴数十百乡镇,乡镇籴数千百斛,所克济。……微漕东南粟,蔑由职是故也。①

董恂说的是清朝的具体情况,但是其中的一般道理却几乎适用于秦朝以后的每个朝代。

除了满足首都的需要,漕粮也是必要储备积累的来源,尤其是用于防止可能发生的叛乱,或者说供给一支集结起来的庞大军队,在预防无效时镇压叛乱,或者跟入侵的外国军队进行战争。早在汉朝,汉文帝的博士贾谊(前200—前168年)就认识到了这种储备的政治和军事意义。他提醒皇帝说:"汉之为汉,几四十年矣,公私之积,犹可哀痛。"他还提了一个劝告性的问题:"即不幸有方二三千里之

---

① 董恂:《江北运程》,第1—2页。

旱，国胡以相恤？卒然边境有急，数十百万之众，国胡以馈之？"①对任何军队而言，充足的粮食供应总是至关重要的，在现代战争迈出第一步之前，毫不夸张地说，粮食就是军队的生命，而充足的粮食储备则是最重要的武器。

宋朝的一位学者于1013年写成的名著《册府元龟》，关于漕粮运输一章的序言就很好地总结了漕粮的两种功能。序言明确写道：

> 若乃京师大众之所聚，万旅百官之仰给，邦畿之赋，岂足充用？逮于奉辞伐叛，调兵乘鄣，或约赍以深入，以赢粮而景从，曷尝不漕引而致美储，飞挽而资宿饱。②

在上述情况下，漕粮及其生产、征收和运输总是统治集团和官僚们主要关心的问题。

统一与分裂的经济基础

每年都要上缴一部分地方收成作为漕粮，是地方官员的主要职责之一。以清朝为例，不同的省份都分配了明确的定额。③然而，在动

---

① 贾谊：《新书》，第73卷。此处引用的文字，也见于班固《汉书》第24卷《食货志》第9页。
② 王钦若、杨亿：《册府元龟》，第498卷。
③ 黄汉梁：《中国的地租》，纽约：哥伦比亚大学出版社，1918年，第92—95页。

长江三峡 从黄河流域到长江流域,治乱兴衰的背后是基本经济区的转移。

荡时期，只能依靠那些中央政府直接牢牢控制的地区继续缴纳漕粮。在中央政府权力难以约束的地区，地方官员或者自封的首领就会乘王朝崩溃之机，独立统治这些地区。这些首领各自控制的地区，如果经济实力旗鼓相当，那么就存在形成某种均势的客观物质条件；如果没有其他因素打破这种平衡，就将陷入旷日持久的分裂状态。这种分裂势必引发相互斗争，而相互斗争的统治集团往往会修建水利工程。一方面大搞建设，彼此竞争，另一方面是封建战争常见的恣意破坏，两者最终通常会打破平衡态势，产生新的主导经济区。三国时期就是国家分裂的典型时期，此时并不存在游牧民族侵略这一复杂因素；三国末期发生的事件是值得关注的例子。"黄初（221—226年）以后迄晋（265—420年），当时能臣皆以通渠积谷为备武之道。"①

这种主导经济区形成之后，控制了基本经济区的领袖，就比自己的竞争对手获得了更多的物资方面的优势，就有可能最终统一国家。实现统一之后，为了维持权力，统治集团往往会特别重视基本经济区农业生产率和运输设施的进一步发展。因此，以基本经济区为控制杠杆当作出发点研究中国历史，可以更好地解释有关统一与分裂这一中心问题。这也会帮助我们了解一些基本客观条件，这些条件决定了整个中国历史——从公元前221年的秦初到公元1911年的清末——不同朝代所采取的经济政策。

---

① 康基田：《河渠纪闻》，第4卷。

中国历史上基本经济区的转移

根据这一标准判断,从公元前 255 年到公元 1842 年(有外国列强影响的近代时期的开端)的中国经济史分为 5 个时期。第一个统一与和平时期(前 255—220 年)包括秦朝和汉朝,泾水、渭水、汾水和黄河下游流域为基本经济区。第一个分裂和斗争时期(220—589 年,极为重要的转变时期)包括三国、晋朝和南北朝;四川与长江下游流域,因为灌溉与防洪的逐渐发展,成为重要的农业生产地区,对早期基本经济区的主导地位构成挑战。第二个统一与和平时期(589—907 年)包括隋朝和唐朝,长江流域获得了基本经济区的地位,同时大运河也得以迅速发展,把首都和新基本经济区连接起来。第二个分裂与斗争时期(907—1279 年)包括五代、宋朝和北方的辽朝和金朝,长江流域作为中国突出的基本经济区进一步得到迅猛发展。第三个统一与和平时期(1279—1911 年)包括元朝、明朝和清朝,统治者日益担心首都与基本经济区之间的距离,多次想把海河流域(即现河北省)发展成为基本经济区。

这五个时期代表了中国社会经济史上的长期变化,其标志是基本经济区从一个地区向另一地区转移。不言而喻,每个时期都有社会与政治动荡的短暂间隔期,动荡常常起源于农民起义,而起义通常都会导致改朝换代,例如 1368 年元朝灭亡后建立了明朝。其他改换朝代的情况,则是少数民族趁中国内部经济崩溃时发动侵略造成的,例如契丹人（辽朝，916—1125年）、女真人（金朝，1115—1234年）、蒙古人（元朝，1271—1368年）和满洲人（1644—1911年）发动的入侵。然而，如果认为短期循环附属于长期循环，就更好理解了；循环周期受经济重心转移的支配，而经济重心为政治运动和朝代变化提供了场景——无论这些变动表现为内部叛乱，还是外族入侵。

因此，要探究和了解发展水利工程的总体方针，都可以从掌控和发展基本经济区的必要性着眼，因为这一原则是历朝历代经济政策的基础。弄清了水利工程的发展过程，基本经济区这一概念就可以解释中国历史上整个半封建时期历史进程的一个极为重要的特征。①

---

① 在关于中国经济社会的名著中，魏特夫博士谈到了"中国经济政治核心区"。但是，尽管我们的论文具有互补性，但是他的贡献与我不同。他说："所谓的'文化中心'，或者更确切地说，中国的经济政治核心区，绝非固定在同一个地方。中国以农业为主时，它经历过几次变动；中国进入工业化之后，由于原材料中心和工业生产中心大多与农业生产中心不一致，所以在新的地方建立了新的权力中心。"（《中国的经济与社会》，第273页）他认为，从西北到东北，再到长江流域，核心区发生过三次变动；在此基础上，形成了中国文化发展经历了三个阶段的概念。因此，魏特夫的贡献在于说明了他所谓的核心区的地理位置是变化的这一事实，并阐述了核心区与中国文化的关系。另一方面，我作品的中心思想，是解释基本经济区作为控制附属地区手段的功能，说明基本经济区转移的实现途径，解释中国历史上统一与分裂交替出现的经济基础。在此，我要感谢我的朋友约瑟夫·帕赫特曼（Joseph Pachtman），他为我口译了魏特夫博士的《中国的经济与社会》的部分内容，还要感谢魏特夫博士为我提供了上述引文及该书其他选段的英文内容。

第二章 中国治水的地理基础和经济区划

以中国的地理条件而言,如果不在农业实践中坚持发展一种水利体系,农业生产就绝对无法达到如此高的水平。同样,中国半封建社会的文化繁荣也不可能出现,因为这种文化是高效农业经济的产物。魏特夫的详细研究已经清楚地说明,灌溉对于中国经济具有重大意义,由此使人相信:灌溉"在中国每个地方都是集约农业的必要条件;就在此基础之上,建立了中国的农业社会,就像现代资本主义工业社会是建立在煤铁的基础上一样"。①

由此可见,尽管中国有很多不同的地理区域,而且各有特点,但是几乎所有主要区域都需要某种形式的水利工程,作为发展农业的基础。在西北黄土地区,主要是修渠灌溉的问题;在长江和珠江流域,主要是为肥沃但多沼泽的冲积田排水,并维持一种复杂的排水灌溉系统问题;在黄河流域下游和淮河流域,主要是防洪问题。在运输领域,水道作为整个中国商业与行政管理的动脉,一直具有重要意义。

黄土与灌溉

丁文江(V. K. Ting)博士认为,"中国早期文明的最重要摇篮",②是在北纬31°—40°与东经113°—118°之间的地区,包括山西省、河南省、河北省南部一部分、山东省西部以及江苏和安徽两省北部。需要注意的是,这一地区的黄土要多于冲积土。东经118°以西的整个淮河流域都位于黄土区。除了黄河故道以外,北纬32°—34°和东经114°—118°之间的地区,几乎都是黄土区。在上述经度内,位于

---

① K. A. 魏特夫:《中国的经济与社会:亚洲农业学会科学分析报告》(Wirtschaft und Gesellschaft Chinas: versuh der wissenschaftlicben analyse einer grossen asiatischen agrargessellschaft),莱比锡,1931年,第229页。
② 丁文江:《格拉内教授的〈中国文明〉》,《中国社会及政治学报》第15卷第2期,北京,1931年7月,第268页。

北纬25°—36°之间的地区，除了河谷，也主要是黄土区。因此，山东半岛通过两条相同的黄土地带与西部黄土区相连。整个冲击土都位于北纬36°以北的地带和河谷地区。

丁文江最后说："连绵的半草原，从大海延伸到土耳其斯坦[①]，没有森林，也没有沼泽，非常适合农业和车辆；因此，这里早期定居与文化的持续传播才成为可能。"[②] 这里描述的黄土区非常辽阔，即使我们拿周朝（约前1050—前255年）来说——周朝比丁博士所说的那个时期，很可能是殷朝（约前1401—前1050年）要晚，并且把陕西省也归到中华文明的发祥地之中，那么整个发祥地仍然在黄土区范围之内。

描述古代中国领土的这一显著地理特征，是了解灌溉对中国农业重要性的关键。当然，关键就在于黄土与水的关系的特殊性。

大约半个世纪之前，E. F. 冯·里希特霍芬（E. F. von Richthofen）教授的研究就揭示过这一现象。[③] 他观察到，黄土吸水，就像海绵。黄土具有多孔性和很强的毛细管吸收能力，能够使藏在深层土壤中的矿物质上升到表层，让农作物的根部吸收，从而赋予了黄土自我施肥的能力。然而，有一点很明显，即只有水分充足时，这种机制才能发

[①] 即新疆。——编者注
[②] 丁文江：《格拉内教授的"中国文明"》，《中国社会及政治学报》第15卷第2期，北京，1931年7月，第268—269页。
[③] E. F. 冯·里希特霍芬（E. F. von Richthofen）：《中国》（*China*），柏林，1882年，第2卷。

陕北梯田 黄土富含碳酸钾、磷和石灰，只要水分充足，就会变成极为肥沃的土壤，中华文明就是黄土所孕育的。

挥作用。因此，莱昂（Lyon）、菲平（Fippin）和巴克曼（Buchman）在权威著作《土壤：特性与管理》中得出结论说："黄土富含碳酸钾、磷和石灰，只要水分充足，就会变成极为肥沃的土壤。"①

基于此，中国北京燕京大学的前地质学教授乔治·B. 巴伯（George B. Barbour）得出结论说："中国黄土的石灰成分往往很高，施肥现象非常普遍，所以供水成为重要因素。"② 这些结论不仅仅是推理得出的，而且被三个实验所证实：中国北京清华大学 T. 纽（T. New）教授的毛细实验，③ 中国南京的金陵大学罗德民（W. C. Lowdermilk）教授的黄土持水能力实验，④ 中国地质调查所翁文灏博士的黄土化学分析。⑤ 巴伯教授根据自己的观察，进一步强调了他的结论："这些理论性的结论，似乎被田野观察的事实所证明。"⑥

---

① T. 利特尔顿·莱昂（T. Lyttleton Lyon）、埃尔默·O. 菲平（Elmer O. Fippin）和哈利·O. 巴克曼（Harry O. Buchman）：《土壤：特性与管理》（Soil: Their Property and Management），纽约，1915年，第61页。
② 乔治·B. 巴伯：《中国的黄土》，《中国科学美术杂志》第3卷第8期，上海，1925年8月，第462页。
③ 乔治·B. 巴伯：《中国的黄土》，《中国科学美术杂志》第3卷第8期，上海，1925年8月，第517—519页。
④ 乔治·B. 巴伯：《中国的黄土》，《中国科学美术杂志》第3卷第8期，上海，1925年8月，第462页。
⑤ 乔治·B. 巴伯：《中国的黄土》，《中国科学美术杂志》第3卷第8期，上海，1925年8月，第519页。
⑥ 乔治·B. 巴伯：《中国的黄土》，《中国科学美术杂志》第3卷第8期，上海，1925年8月，第462页。

淤泥的肥田价值

无论是中国北部还是中国南部，农业最发达的地方都是冲积平原、河谷、旧河床、旧湖床的农田；这里能起到肥田作用的灌溉，与黄土草原并不相同，但是，即使不能说同样重要，也可以相提并论。在这里，灌溉主要依靠洪水泛滥完成。甚至今天，在中国北部地区也经常看到，夏季暴雨过后，洪水携带着泥沙从山上冲下来。于是，农民修建沟渠——如果工程较大则由政府承担——拦截携带泥沙的洪水，将其引入农田，实现灌溉、增肥和防洪的三重目的。

中国北部的大河，如泾水和渭水（陕西）、汾水（山西）、洛水（河南）和黄河，一路上都有携带泥沙的洪水汇入。因此，这几条河流几乎都携带着大量泥沙，然后通过沟渠系统将这种泥沙引入农田。黄河的泥沙含量平均为11%[1]。中国古代的作家，按照前汉（前206—25年）时期张戎的估计[2]，认为黄河的水和泥沙之比为10∶6。明朝官员潘季驯（1521—1595年），因治水成就和一部水利经典著作而名垂青史，他认为到了秋季，黄河的泥沙含量会由60%增加到80%。[3] 显然，绝不能把这些说法当作科学估计，它们只是为了强调而进行的书面夸张而已。然而，它们的确表明，黄河的大量泥沙在很久以前就已经引

---

[1] 张其昀：《本国地理》，"钟山教科丛书"，第1册，南京，1932年，第7页。
[2] 班固：《汉书》，第29卷，《沟洫志》，第16页。
[3] 《河南通志》，第14卷，1869年，第23页。

起了中国当政者的注意。

有权威记载表明，在前汉时期，中国农民就知道了淤泥的肥田价值。公元前95年前后，白渠建成。白渠将含有泥沙的泾水引入今陕西省中部的大片农业区。当时，这一地区的农民为白渠大唱赞歌。有段歌词说：①

> 泾水一石，其泥数斗。且溉且粪，长我禾黍。
>
> 衣食京师，亿万之口！

唐朝太宗（627—649年）和高宗（650—683年）时期，名臣长孙无忌曾经这样评价说："白渠水带泥淤灌田，益其肥美。"② 明朝潘季驯曾经提到，黄河决堤的一个原因是有些农民为了淤灌农田偷偷挖掘堤岸。③

关于河南省的颍水，1660年出版的《临颍县志》中有一段文字很有启发性。它是这样说的：

> 其源深而委小，夏秋淫雨，辄泛涨弥漫，溃决难防。然浊流一奔，所过即为沃野，西南之民多利之；正东、东北则受其害。或数年不决，地即硗，民伺其水弥，乃盗决，用肥其地。颍民谓是河有损益云。④

---

① 班固：《汉书》，第29卷，《沟洫志》，第8页。
② 《陕西通志》，第39卷，1735年，第64页。
③ 潘季驯：《河防一览》，第4卷，1590年，第45页。
④ 《临颍县志》，第1卷，1660年，第7页。

近几年的一个例子发生在河南。1932年7月,由于洛水泛滥,出现了八十年来最严重的洪灾。洪水破坏了很多村庄,但在1933年小麦却大获丰收。① 再如,陕西同州的几百亩农田,在1932年也遭到洪灾,但庄稼同样获得了当地多年未见的好收成。②

李协是一位重要的治水专家,也是黄河水利委员会的前委员长。他清晰地认识到了上述事实,建议修建沟渠灌溉系统;沉积在沟渠底部的淤泥,要每隔一段时间进行挖掘,以保持沟渠深度,而挖出的淤泥则用来肥田。③

出版于1887年的《山西通志》记载了两个有趣的例子,证明了淤泥在山西省的肥田价值。其中一个例子是大同县玉河的水通过沟渠灌溉农田,《山西通志》这样描述:"沙砾平滩,一二年间,淤成膏腴。"④

1729年,清朝官员韩光基向皇帝呈送的奏折中提到了涑水,涑水发源于绛县,途经闻喜县、夏县、安邑县和猗氏县,最后注入黄河。在流经的五个县中,农民都利用河水进行灌溉。奏折中说:"涑水深浊。每当冻河开河之际,田亩一经灌溉,肥饶倍长。故愚民混行,私决堤堰,横筑土坝……"⑤ 这几个例子十分清楚地说明了灌溉的双重作用。

---

① 《大公报》(中国北部地区的主要日报),天津,1933年3月3日。
② 《大公报》,天津,1933年3月3日。
③ 《大公报》,天津,1933年10月2日。
④ 《山西通志》,第68卷,1887年,第26页。
⑤ 《山西通志》,第68卷,1887年,第30页。

在河北省，人们普遍认识到，永定河频发洪水带来的破坏，通常因为淤泥的肥田效果而得到补偿。在一次针对治水问题的著名讨论中，清朝的陈仪（1670—1742年）提到了永定河的"填淤肥美"，明确地说"秋禾所失，夏麦倍偿"。[①] 在一次针对永定河的讨论中，陈宏谋（1696—1771年）也提到，每次永定河水淹没农田，小麦的收成就会特别好。[②]

1871年版的《畿辅通志》，从该通志较早的版本中，引用了一句很重要的话，这样评价永定河："永定浊泥，善肥禾稼，所淤处，变瘠为沃，其收数倍。"[③] 在一封讨论浑河（桑干河支流）防洪问题的信中，方苞（1668—1749年）和顾用方表明，浑河流经固安县和霸州县时，河堤消失了，水面蔓延，达一两百里宽。十天左右，河水消退，田野布满淤泥，被农民称为"金铺地"。[④] 漳河的古代灌溉工程和肥田功能同样闻名遐迩，清朝声名显赫的官员孙嘉淦（1682—1752年）在给皇帝的奏折中也证实了这一点。这一奏折也被收入《畿辅通志》中。[⑤]

治水问题，在中国南方与北方，形式上存在较大差异，但是都涉及控制水量与增肥土壤两方面的问题。在南方，不是排洪沟渠携带淤

[①] 《畿辅通志》（河北），第82卷，1910年，第15页。
[②] 《畿辅通志》，第82卷，1910年，第56页。另见第63页。
[③] 《畿辅通志》，第85卷，1910年，第14页。
[④] 《畿辅通志》，第82卷，1910年，第54页。
[⑤] 《畿辅通志》，第82卷，1910年，第31页。

泥增肥农田的问题，而是排除多余积水、利用排干水的沼泽湖床耕种（主要种植水稻）的问题。

中国南方的大地主和富农，侵占湖泊河流，扩大耕地面积，主要有两个原因。第一，争夺名义上属于国家但尚未被任何人霸占的土地；第二是因为在湖床或者河床新开垦的土地暂时不用缴纳地租。

这种趋势造成了极为严重的经济和政治问题，而这一问题自从南宋（1127—1279年）以来就一直特别明显。这些新开垦的土地十分肥沃，因此进一步加剧了这种趋势。这不仅仅是为了争夺免地租的公共土地，也是为了争夺肥沃的土地。关于福建省长乐县的滨间湖，在1829年前后刊行的一篇文章中，明朝知县蒋以忠非常详细地描述了湖区的肥沃土地。他说："顾湖塍多沃壤，可稼穑，岁收其入，较恒田足三倍，官且不税。豪奸睨其旁者，群攘而艺之。"[①] 这些开垦的肥沃"湖川田"，通常都用墙一样的堤坝围起来挡住外面的水。在长江流域下游（江苏、浙江、江西和安徽），人们把这种农田称为"围田"或"圩田"；在大湖区，特别是湖南，人们称之为"垸"。它们成为中国最富裕的农业区中最高产的土地的一部分。

对淤泥在中国农业中的地位，很多西方的杰出学者都进行过研究，并给予认可。罗德民教授曾测量过源自陕西省的山丘或者高原上的洪水泥沙含量。洪峰过后，他从三种不同的洪水中，选取了六种各

---

① 《福建通志》，1829年，第33卷，第13页。

为 1000 立方厘米的洪水样本，过滤后将淤泥用 100℃的温度烘干，然后进行称量，结果发现泥沙含量为 14%—22%。这位科学家的下列说法值得关注。他说："这个数量令人惊讶。它说明每个季节，洪水都会从山上带下来数千吨的肥沃土壤。"①

毫无疑问，正是这一土壤侵蚀过程，造成了中国山西省和其他省份的多石和贫瘠山脉以及山区的荒野。控制土壤侵蚀、保护灌溉水源的重要意义，下面的引文说得非常清楚。这段引文来自明朝学者阎绳芳于 1887 年发表的一篇文章。引文说：

> 正德前，树木丛茂，民寡薪采，山之诸泉，汇而为盘陀水，流而为昌源河，长波澎湃，由六支、丰泽等村，经上段都而入于汾。虽六七月大雨时行，为木石所蕴于流，故道终岁未见，其徙且竭焉。以故由来远镇迄县北诸村，咸浚支渠，溉田数千顷，祈以此丰富。嘉靖初，元民竞为居室；南山之木，采无虚岁。而土人且利山之濯濯，垦以为田，寻株尺蘖，必铲削无遗。天若暴雨，水无所碍，朝落于南山，而夕即达于平壤，延涨冲决，流无定所，屡徙于贾令南北，而祁丰富，减于前之什七矣。②

然而，在强调控制土壤侵蚀的同时，要尽量把侵蚀掉的泥沙保留下来，通过建造和维护良好的沟渠和灌溉系统，将它们加以利用，变

---

① 罗德民和 J. 拉塞尔·史密斯（J. Russel Smith）：《农田侵蚀问题札记》（"Notes on the Problem of Field Erosion"），《地理评论》（*Geographical Review*）第 17 卷第 2 期，纽约，1927 年 4 月，第 227 页。

② 《山西通志》，第 66 卷，1887 年，第 31 页。

废为宝。马罗利（Walter Mallory）先生对中国北方防洪具有诸多实践经验，他的观察特别值得注意。他说：

> 洪水冲刷掉的损失，在一定程度上可以得到补偿，因为洪水带来的泥沙沉积下来，会使土壤更加肥沃。灌溉可以起到这种改良作用，而不会造成相应的损失，因此灌溉的好处可以说是双重的。①

哥伦比亚大学的路易斯·A. 沃尔凡杰（Louis A. Wolfanger）博士在评价中国的土壤状况时认识到一个非常重要的事实，特别是关于中国所谓的"持久农业"问题。他这样写道：

> （中国）人几乎或者根本没有利用他们的山地熟土，……而是拥挤地生活在江河地区。洪水暴发会造成悲剧，但是这里的土壤年轻、新鲜、适合耕种，而且周期性地得以更新。由于大量使用肥料，天然高产能力得到进一步加强。那些洪泛平原之外的人居住在丘陵和低矮山野上，这里的山坡经过努力已经建成层层梯田。这里的土壤也会周期性地变成生土。通过侵蚀，土壤总是在自然状态中不断更新；如果人类使用土壤，导致其肥力降低，那么普遍使用肥料也很可能在一定程度上给予补偿。……中国人过去曾经拥有——而且显然现在仍然拥有——年轻、多产、未淋洗的土壤。②

---

① W. H. 马罗利（W. H. Mallory）：《中国：饥荒之地》（*China: Land of Famine*），纽约，1926年，第148页。

② 路易斯·A. 沃尔凡杰（Louis A. Wolfanger）：《世界主要土类及其地理影响》，（*Major World Soil Groups and some of the Geographic Implications*），《地理评论》第19卷第1期，纽约，1929年1月，第106—107页。

"持久农业"的物质基础

在《再论罗马的灭亡》一文中，弗拉基米尔·G. 西姆柯维奇教授意味深长地说："中国和日本的经验已经证明，在小块土地上，即使不借助无机肥料科学地补充土壤，这种集约农业也可以无限期地维持下去。"然后，他提出了一个重要问题："为什么罗马灭亡了，而中国和日本却勉强获得了成功？"[①] 其答案可以解决中国经济史上的一个基本问题，即"持久农业"的问题。

正如前面讨论所说的，上述问题的答案就在于黄土的自我增肥能力和淤泥的自行更新能力。假如水分充足，黄土就可以自我增肥；冲积平原上沉积下来的大量淤泥，因为侵蚀而不断更新，侵蚀主要是由于人工灌溉或大自然的洪水所导致的。在后一种情况下，好处被弊端所抵消；但是从长远来看，它却有助于土壤保持年轻、多产，避免长期贫瘠的危险。因此，即使不借助无机肥料为土壤科学增肥，中国的集约农业仍然可以延续许多世纪。

然而，如果以为这种土壤条件的天然优势，足以保证中国的农业生产率或多或少维持一种均衡水平，那将是严重错误。换言之，这种优越的土壤条件可以使中国免遭土壤肥力长期耗尽的危险，但是因为

[①] V. G. 西姆柯维奇：《理解耶稣及其他历史研究》（*Toward the Understanding of Jesus and Other Historical Studies*），纽约，1921 年，第 111 页。参阅论文《再论罗马的灭亡》。

某些社会、经济和政治条件的原因，中国，尤其是某些地区，仍然会面临农业生产率急剧下降的威胁。

如果没有一种有效的灌溉系统——这种灌溉系统不仅是工程问题，而且也是社会经济问题，黄土与冲积土也无法充分发挥其自然肥力的优越性。一个地区，如果对统治者有实际意义，就可能会迅速发展，并得到精心维护；但是，一旦不受统治者青睐，就会遭到忽视，任由命运摆布，直到土壤肥力耗尽，生产率急速下降。宋（960—1279年）、元（1271—1368年）、明（1368—1644年）、清（1644—1911年）时期的陕西省，就出现过这种情况。优越的自然条件为发展水利提供了基础，而水利的发展又决定基本经济区的地理位置和当时的社会、经济和政治条件，并受到它们的制约。

中国降雨的多变性

从前文讨论的中国土壤的特殊性可以清楚地看出，水供应是发展农业的重要因素。接下来的问题是：可以在多大程度上依靠每年降雨的自然过程，来满足这种重要需求？纵观中国历史，社会经济原因使旱灾和洪灾更加严重，持续时间更长，出现的次数更多；然而，这些灾害也的确说明，中国水供应的自然过程，不仅不可靠，而且具有破坏性。

无论是基本常识，还是科学观点，似乎都认为：中国，尤其是中国北部地区，降雨的主要问题不在于雨量是否充沛，而是在于年度之间的变化是否太大。像印度一样，中国的雨水都是季风雨，随着季节的交替而变化[①]。从夏季到冬季，风的主要方向会迥然不同。下面的统计可以说明中国北部地区风向颠倒的程度。

中国北方风频百分比[②]

单位：%

季节	北	东北	东	东南	南	西南	西	西北
冬季	17	8	5	6	6	8	18	32
夏季	10	9	12	26	16	10	7	10

观察者一看这个表格，就会明白气候变化对中国农业的重要意义。肯德鲁说得也非常清楚："任何非正常的重大气候变化，都可能造成危害，甚至引发大范围的饥荒。"[③] 他进一步说："但是，不幸的是，降雨的持续时间和降雨量都会发生较大的变化，在印度和中国尤其如此。"[④] 关于这一问题的最新权威著作表明，中国年降雨量的确存在大幅度的变化。法国气象学家朱尔斯·西翁（Jules Sion）通

[①] 朱利叶斯·哈恩（Julius Hann）：《气候学手册》（*Handbook of Climatology*），第一部分，"普通气候学"（General Climatology），纽约，1903年，第163页。

[②] W. G. 肯德鲁（W. G. Kendrew）：《气候》（*Climate*），牛津，1930年，第97页。

[③] W. G. 肯德鲁（W. G. Kendrew）：《气候》（*Climate*），牛津，1930年，第150页。

[④] W. G. 肯德鲁（W. G. Kendrew）：《气候》（*Climate*），牛津，1930年，第150页。

过全面研究季风强调指出,年降雨量的大幅波动是季风性气候的特征之一。① A. 奥斯汀·米勒(A. Austin Miller)也表示:"季风雨主要是由旋风引发,主要特征就是降雨量变化不定,因此季风地区经常发生饥荒。"②

不过,大自然无情造就的不足常常会激发人们的斗志,想方设法弥补这种不足。因此,尽管季风存在不幸的一面,但是米勒说得很有道理:"它激发了人们的一种发展灌溉的宝贵动机,从而大大促进了中华文明的发展。"③

---

① 朱尔斯·西翁(Jules Sion):《季风的亚洲》(*Asie des moussons*),巴黎,1928—1929年,第2卷。参见洪绂(Frederick Hung)的评论,《中国社会及政治学报》,第17卷第2期,北平,1933年7月,第360—366页。

② A. 奥斯汀·米勒(A. Austin Miller):《气候学》(*Climatology*),伦敦,1931年,第200页。

③ 同上。在这个问题上,米勒的经济推理并非完全正确。他在同一页上还写道:"土地肥沃,会刺激人口增长,一直到维持能力的最大限度;农业生产经常是以对降雨量最为乐观的期望为基础的。因此,尤其是在中国北方,那里年降雨量最小,满足的程度最低,雨水不足的害处就更大。"这一错误推论的原因是,如果没有一定的社会经济因素,仅靠肥沃的土地无法刺激人口的增长。根据中国社会经济制度的具体情况,官僚和地主阶级清楚,当时的技术水平决定了体力劳动是中国农业最重要的生产因素,因此他们把刺激人口增长作为经济政策的基础之一。在这种制度之下,祖先崇拜的"宗教"具有社会根源。妨碍人口增长的只有两个因素:一个是向统治阶级进贡之后剩下的有限的食物资源;另一个就是社会动荡,这通常意味着人口会急剧下降。只有在官僚和地主从生产剩余中扣除供自己使用和挥霍之外,计算劳动人民的人均财富才有意义。如果这样计算,农民的人均财富实际上少得可怜。为了改善处于饥饿边缘的生活条件,他们的农业生产不得不"经常是以对降雨量最为乐观的期望为基础的"。这种挣扎求生非常艰苦。由于粮食储备微不足道或者根本就没有,自然条件只要发生重大异常变化,就会导致灾难性的饥荒。

水稻与灌溉

灌溉对于中国农业举足轻重的另一原因，就是水稻作为主要作物，种植十分广泛。没有充足的水供应，没有对水的精心管理，就无法种植水稻，这是一个常识问题。发表于元朝（1271—1368年）的一篇中国古代农业论文，对水稻种植的过程表述得很清楚："治稻者，蓄陂塘以潴之，置堤闸以止之。……又有作为畦埂。耕耙既熟，放水匀停，掷种于内。候苗生五六寸，拔而秧之，今江南皆用此法。苗高七八寸则耘之，耘毕放水熇之，欲秀复用水浸之。"[1] 因此，水管理成为水稻种植中极其重要的一个因素。完全可以说，没有灌溉，就没有水稻种植。

"河川之国"

幸运的是，中国拥有优越的自然条件，非常适合发展灌溉工程。资深中国地理学家夏之时（L. Richard）说："世界上没有国家像中国一样具有如此丰富的水资源。"[2] 将中国的江河系统与埃及和美索

---

[1] 王祯：《农书》，第7卷，1314年，第5页。
[2] 夏之时（L. Richard）：《中国坤舆详志》（Comprehensive Geography of the Chinese Empire and Dependencies），甘沛澍（F. M. Kennelly）译，上海，1908年，第15页。

不达米亚比较之后,魏特夫着重强调了中国江河系统的重大价值。他说中国的江河并不流经绿洲,但是都分布在广阔连绵的土地之上,这非常有利。中国的土壤和气候具有特殊性,水供应必不可少,因此江河系统是一个特别重要的肥效因素。正由于这一点,到现在为止,中国农业的中心都处于几大江河流域。①

詹姆斯·斐格莱(James Fairgrieve)把中国称为"河川之国"。②为了阐述自己的观点,他说:"中国是一个特别的河川之国,不仅因为河流众多,而且因为治理河流极大地影响了中国的历史。"③ 从灌溉和水运的角度看,斐格莱看似笼统的说法也并非夸张。

气候变化与灌溉

气候——特别是降雨量——在长时间内的周期性变化,在埃尔斯

---

① 魏特夫:《中国的经济与社会》(*Wirtschaft und Gesellschaft Chinas*);第一部分,"生产力、生产与周转过程"(Produiktivkrafte, Produktions und Zerkulationsprozess),莱比锡,1931年,第88页。
② 詹姆斯·斐格莱(James Fairgrieve):《地理与世界霸权》(*Geography and World Power*),伦敦,1917年,第225页。
③ 詹姆斯·斐格莱(James Fairgrieve):《地理与世界霸权》(*Geography and World Power*),伦敦,1917年,第234页。

沃思·亨廷顿（Ellsworth Huntington）[①]教授的著作中已经多次强调，竺可桢也对中国的情况进行过细心研究[②]，但是这一因素不会改变目前研究的结论。它最多只是引入了一个导致复杂化的因素。一种可能的情况是：长期干旱，会更有力地促进灌溉活动，而充足的降雨，则会使灌溉活动减弱。但是，下一章分析的统计数据并不能说明这一点。不过，从另一方面看，这些统计数据的确表明了一个地区的灌溉活动与政治经济重要性之间的关系。本书的后面几章将极力说明这一点。虽然长期气候变化已经影响了人口迁移和游牧民族的入侵，但是就本研究的目的而言，只要指出这些变化只是间接地影响了中国灌溉发展的进程，似乎就足够了。

在过去十个世纪里，位于西北地区（特别是陕西）的中华文明发祥地，经济几乎在不断衰退，但是显然不能把原因归结于长期的气候变化。在这个地区经济衰退的相应时期内，缺乏令人信服的持续干旱的证据；对衰退的一种更为可靠的解释似乎是，统治集团大力发展长江流域更肥沃的地区作为经济基地，结果忽视了在相对低产的陕西省发展灌溉工程。即使持续干旱真的发生过，也无法驳斥上述论点，因为这只会加重干旱地区忽视灌溉的危险。

---

① E.亨廷顿（E. Huntington）和S. S.维舍（S. S. Visher）：《气候变化》（*Climatic Changes*），第5章，"历史气候"（The Climate of History），第64—97页。
② 竺可桢：《中国历史时期的气候变化》（*Climatic Pulsation during Historic Time in China*），《地理评论》（*Geographical Review*），第16卷，纽约，1926年，第274页。

区划的地理基础

水利在中国农业中不可或缺,是由自然条件所决定的,因为中国的土壤和气候具有特殊性,而且水稻作为主要粮食作物,在种植方面也有特殊要求;而对中国进行区划的地理基础,则是其地形的特殊性。像在所有地方一样,中国山川河流的分布决定了主要地形的划分。中国的大多数河流都是由西向东流,而美国则截然不同,它的河流多是由北向南流。

把中国分隔成三大水系的主要山脉,构成一种天然屏障,为经济和政治区划提供了条件,也是中国许多世纪以来分而治之的自然基础。

葛德石(Cressey)教授指出:"中国最大的山脉是昆仑山脉向东部延伸的部分,在中国统称为秦岭山脉;它自西藏向东延伸,几乎到达太平洋。这些山脉把中国划分为两个主要地理区域,它们在气候、农业和人类活动方面的特点迥然不同。"① 只要研究一下中国本土,就肯定会发现,中国南方与北方之间的差别,或者说长江流域与黄河流域之间的差别,就是中国最主要的区域差别;中华文明从一个地区向另一个地区扩展,引发了中国历史上的一次决定性的转变,也是中国文化走向亚洲大陆的一个重要步骤。除了这种区划之外,中国本土还有另外两个重要地区和许多次要地区值得关注。

---

① 葛德石(George Babcock Cressey):《中国的地理基础》(*China's Geographic Foundations*),纽约与伦敦,1924 年,第 28 页。

四川田园 四川以独特的地理条件,足以媲美历朝历代的基本经济区,在乱世中常能保持独立。

除了黄河和长江流域下游,另外两个最为突出的地区就是川滇和两广。四川省被称为红色盆地,四周都是高耸的山脉屏障。葛德石教授的看法是正确的,认为它"使隔离状态成为人文地理的一种明显特征"[1]。葛德石教授还指出:"这里气候优越,土壤多产,人民勤劳,资源丰富……据说,凡是中国其他地方能种植的东西,这里都可以生产。"[2] 因此,四川周边易守难攻,资源丰富多样,非常适合自给自足的独立存在。

因此,才华横溢的中国学者梁启超这样评价说:"若夫四川每天下(指中国)乱,则常独立;而其减亡最后。"[3] 自从前汉倾覆之后,这样的例子在中国历史上曾经发生过七次。第一次是公孙述成为蜀王,从公元25年到公元36年统治四川。在后汉第一个皇帝统一全国很久之后,他的将军才征服了蜀地。第二次是著名的刘备,他创立了三国中的蜀国(221—263年),蜀国在中国历史和文学中的地位非同凡响。第三次是李雄,他在四世纪伊始西晋帝国瓦解时获得成都王的封号。

第四次发生在五代时期,王建与孟知祥两个家族分别建立前蜀(907—925年)和后蜀(934—965年),先后统治四川。第五次

---

[1] 葛德石(George Babcock Cressey):《中国的地理基础》(*China's Geographic Foundations*),纽约与伦敦,1924年,第312页。

[2] 葛德石(George Babcock Cressey):《中国的地理基础》(*China's Geographic Foundations*),纽约与伦敦,1924年,第310页。

[3] 梁启超:《中国地理大势论》,《饮冰室文集》,第37卷,上海,1926年,第51页。

是明玉珍，他在明朝初年在四川创建大夏朝（1362—1371年）。第六次是臭名昭著的张献忠，他在明朝末年统治过四川。最后是骁勇无比的石达开，太平天国（1851—1864年）[1]瓦解后，他带兵雄踞四川。甚至到了我们这个时代，即使长江上的汽轮穿越了四川与世隔绝的古代屏障，它看起来仍然是一个独立的世界。

　　至于云南，梁启超认为它是四川的附属地区，这种看法是正确的。因此，三国时期的诸葛亮，认为实施自己的北伐计划之前，必须先平定南方的云南人。"四川、云贵，实政治上一独立区域也。"[2]

　　广东和广西曾经是两广总督的管辖区，它们的区域完整性，从地形上看一目了然。"（该地区）集中在一个三角洲上的排水系统，催生了贸易活动，而大部分商业贸易活动都沿着水路进行。这里四周都是山脉和海洋，维持着自己的文化生活，与邻近省份往来甚少。气候、土壤、植被和农业活动大多自成一体，与别处迥然有异。西江入海口西边海岸及海南岛，濒临海洋，气候炎热，与两广其他地区鲜有共同之处。然而，把它们单独划为一区，又似为不妥。"[3] 从历史上看，

---

[1] 太平天国，尽管是未获得正式认可的帝国，但是它的创立过程与中国历史上的其他帝国非常相似，而且它比中国获得正式认可的一些小朝代持续时间更长，统辖的领土更大。

[2] 梁启超：《中国地理大势论》，《饮冰室文集》，第37卷，上海，1926年，第41页。

[3] 葛德石（George Babcock Cressey）：《中国的地理基础》（*China's Geographic Foundations*），纽约与伦敦，1924年，第351页。

两广是中国开发最晚的地区之一，但是在过去的一个世纪，这里的文化达到了很高的水平。它的地区统一性所产生的政治影响，在中国近代史上可以找到充分的例证，最近的20年尤其如此。

从地理和历史的角度看，其他相对统一的地区是山西以及东南沿海省份浙江和福建。在这两个地区中，山西的经济（农业）自给能力薄弱，但是防御能力很强；浙江和福建防御能力较弱，但是经济资源丰富。回顾历史发现，这两个地区在分裂时期，曾经长期成为独立统治者盘踞的地方。但是，与中国本土的其他地区一样，这两个地区都距离中原太近，无法长期对抗中央集权。这里也出现过短暂的独立时期，但是很快就卷入黄河和长江流域你争我夺的旋涡。纵观中国历史，大多数决战都发生在淮河流域，而这里正是连接中国两大主要地区之间的一片狭长地带。

第三章 历朝治水活动的地理分布统计[①]

在很大程度上,公共水利工程的发展进程,取决于统治集团加强掌控国家的政治目的;这一目的得以实现的经济途径,是强调在某一特定区域——即基本经济区——发展公共水利工程,而经济区将成为征服和控制附属地区的经济基地。所附的"中国治水活动历史发展及地理分布统计表",十分清楚地说明了这些事实。

这里采用的数据都可以在省志中找到,除非发生失误,否则并没有刻意选择数据去迎合先验性的结论。必须承认,这些数据的阐释,

---

① 本章使用的地方志的书目详情,请参阅书后所附的参考文献。

中国治水活动历史发展及地理分布统计表（根据各省地方志的数据汇编而成）

朝代\省份	春秋(前770—前475年)	战国(前475—前221年)	秦(前221—前207年)	汉(前206—220年)	三国(220—265年)	晋(265—420年)	南北朝(420—589年)	隋(581—618年)	唐(618—907年)	五代(907—960年)	北宋(960—1127年)	南宋(1127—1279年)	宋(杂项数据)	金(1115—1234年)	元(1271—1368年)	明(1368—1644年)	清(1644—1911年)	各省项目合计	地方志发行年份
陕西	…	…	1	18	2	…	…	9	32	4	12	4	4	4	12	48	38	208	1735
河南	1	3	…	19	10	4	…	4	11	…	7	…	4	2	4	24	843*	947	1767
山西	1	…	…	4	1	1	1	3	32	…	25	…	…	14	29*	97*	156*	389	1734
直隶(河北)	…	…	…	5	1	2	3	1	24	…	20	…	…	4	11	228	542	886	1884
甘肃	…	…	…	1	1	…	…	…	4	1	2	4	1	…	2	19	19	50	1736
四川	…	1	…	…	1	…	…	1	15	…	…	…	…	…	1	5	19	53	1815
江苏	3	2	…	1	3	2	8	1	18	…	43	74	…	…	28	234	62	595	1736
安徽	1	…	…	1	3	…	4	1	12	…	7	9	…	…	2	30	41	127	1877
浙江	…	2	…	4	2	3	2	2	44	1	86	185	31	4	87	480	175	1406	1736
江西	…	…	…	5	…	1	1	…	20	…	18	36	2	…	13	287	222	658	1732
福建	…	1	…	1	…	2	…	4	29	…	45	63	294	…	24	212	219	1294	1754
广东	…	…	…	…	…	1	…	…	4	4	16	24	4	…	35	302	165	536	1822
湖北	…	…	…	1	…	…	…	2	7	2	4	14	3	…	6	143	528	728	1921
湖南	…	…	…	1	…	…	…	…	1	…	5	…	…	…	3	51	183	209	1885
云南	…	…	…	1	…	1	1	…	1	…	…	…	…	…	7	110	292	412	1736
各朝代项目合计	6	8	1	56	24	16	20	27	254	13	290	543	363	24	309	2270	3234		

都是以本研究课题为出发点，根据作者的特定研究方法进行的；但是只有通过这种方式，统计数据才有意义。指出特定的研究方式之后，滥用统计数据和误导读者的危险就可以降到最低。另外，本专著的结论并非完全以统计材料为基础。后面几章将会讨论大家共同得出的大量历史论据，对本章提出的事实进行论证和阐述。

数据来源和性质

这是我第一次尝试做这种研究。这里使用的数据，汇编自各省地方志中有关水利章节中涉及治水活动的记载。这些章节的标题各种各样，如"河渠"、"水利"或者"堤坝"。建设或者修理水利工程，无论是水渠、堤坝、池塘还是其他，都被视为一项治水事业活动，每项记载都列入表中，算作一个项目。

有关这类治水活动的记载，如果年代不明或者无法断定发生在哪个朝代，在此都忽略不计，因为就本研究而言，这些甚至连朝代也不清楚的记载毫无意义。

不同工程的规模和重要性，也不必考虑在内，因为即使能够掌握这些数据，也无法对它们进行比较。不过，这些记载列入地方志时，都用最恰当的方式对这些工程规模的差异进行了处理。这些记载全部是由各个县负责列入的，因此横跨几个县的大工程都被重复记录了几次。所以，工程规模越大，在记载中出现的次数就越多。这有效地达到了权重统计法的目的，而且表格所列的数据，对治水活动的实际规模和重要性都进行了恰当的评估。

对地方志编纂过程及其内容性质加以解释之后，就会清楚为什么各省的地方志是这种数据的最好来源。这些省志由指定官员，根据当地县、州、府的地方志汇编而成。乾隆版《江南通志》（1736年）（江苏和安徽）前言说，皇帝"命儒臣修一统志（大清一统志），诏省会各修通志上之，而台省大臣檄征郡县志，以供采辑"。①

当然，并非所有的地方志材料都照搬到了省志中去，但是就省志的数据而言，看不出或者几乎看不出什么遗漏，这种算得上系统化的数据编排，为编制表格提供了极大方便。该表格仅限于省志数据，但是也很有分量。地方志编纂者所用材料的主要来源，是各个朝代的正史、政府档案、中国众多的碑文、国民——特别是地方名人——的作品，甚至还有在民间作为真实历史流行的传统。来自中国典籍、历史和文学等丰富遗产的有关材料，都被挖掘收录到地方志中。许多地方材料，尤其是碑文、地方名人传记以及关于人民机构生活的地理、经济等数据，都首先在地方志上刊印，因此寻找这类数据只能借助地方志。目前这项研究只是简单的开端，是最早利用这些宝贵的材料研究中国经济和社会历史的尝试之一。

---

① 《江南通志》，尹会一前言，1936年，第1页。

数据解释

在分析和解释表格中的数据之前，必须先解决评论本书者开始就肯定会提出来的一点，即气候变动和灌溉活动兴衰之间的关系问题。英国作家布鲁克斯（Brooks）研究了包括竺可桢在内的不同权威关于亚洲气候问题的著作，得出结论说：

> 近些世纪的总体趋势是，相对于旱灾的次数，洪灾次数日益增多；四、六、七世纪以及后来的十五、十六世纪，干旱现象非常突出；二、三、八、十二和十四世纪雨水较多。总体上，与欧洲类似表格的结果非常一致。①

将这段文字与印在本章开头的表格对比会发现，这两组事实之间完全没有关联。假如有任何关联，从这个表格也无法看出。它所展示的是一个地区的治水活动与政治经济重要性之间的关系，这也正是本书研究的问题。气候变动也许会影响一些灌溉工程的效果，但是这无法抵消灌溉的必要性，因为即使平均降雨量很大，也不一定会使降雨量的年际变化减小，也不会改变土壤的性质。因此，气候变动最多只能当成一个复杂化因素，不会严重影响本研究结论的总体思路。

通过观察表格，比较15个省在不同朝代的治水活动，就会注意到其中有些数字（表中的粗体字）特别突出；这些数字合在一起，会

---

① C. E. P. 布鲁克斯（C. E. P. Brooks）：《古往今来的气候》（*Climate Through the Ages*），伦敦，1926年，第365页。

给我们带来重要启示：

（1）表格显示，春秋（前770—前475年）、战国（前475—前221年）两个时期修建了大量水利工程。山西记载的一项工程，修建于公元前676年到公元前652年之间。据推测，安徽著名的芍陂是由楚国大臣孙叔敖在公元前606年到公元前584年之间修建的。他在河南还修建了另一项工程，西门豹和史起也修建了著名的工程。

江苏的邗沟，是最早连接长江和淮河的运河，也是在这一时期开凿的。范蠡在江苏修了一座湖，在浙江修了一座陂塘，伍员也在这两个省修建了工程。范蠡和伍员都是战国时期的名人。吴都的另一条运河，大家认为是春申君（名黄歇）在公元前314年到公元前256年之间修建的。江苏省有一条小河，据说是（周文王长子）太伯挖掘的，并且以他的名字命名。在河南，据说周武王的兄弟周公组织修建了一条小型灌溉水渠。

这些记载是否真实，难以确定。除芍陂外，西门豹和史起的工程以及下一章要讨论的邗沟，都具有重大历史意义；其他的工程是否存在，肯定值得怀疑，而且不值得认真考虑。

（2）汉朝（前206—220年）时期，陕西与河南的工程数量最多，前者有18项，后者有19项。其次是直隶，只有5项。这两个省所辖领土的经济重要性毋庸置疑。它们分别被称为关中与河内，共同构成了汉朝的基本经济区。

（3）三国（220—280年）、晋朝（265—420年）和南北朝（420—

589年）时期，治水活动在南方各省有所增长。这一点非常重要，在北方各省治水活动数量减少的情况下尤其如此。

湖北和福建两省首次出现在记载中；江苏省在南北朝时期记录了8项，这是它当时的最高纪录，这个数字很有意义。同样重要的是，三国时期曹操的基地河南记载了10项，而安徽则记载了3项，这也是该省当时的最大数字。当时，魏国把安徽开辟成战场，征服了吴国。

（4）值得注意的是，唐朝（618—907年）时期，除了河南以外，其他各省的治水活动都获得空前的增长，特别是在除云南之外的南方各省，都有大幅增长。

南方浙江省的数量是44项，超过了北方各省，这在中国历史上是第一次。陕西是唐朝的首都，山西是唐朝的"老家"，自然都备受重视，因此两省的记载都是32项。但是，特别值得注意的是，在长江流域下游的所有省份，包括福建省，都超过18项。浙江从4项增加到44项，增幅很大，江苏从8项增加到18项，福建从4项增加到29项。甚至安徽也从4项增加到12项，湖南从2项增加到7项，湖北从1项增加到4项。

综合各省的情况看，南方在唐朝似乎终于赶上了北方。不仅总体上发展迅速，而且南方和北方地位正在发生改变，这表明基本经济区已经发生转移，而且清楚地说明唐朝是中国历史上一个新时代的开始。

（5）从表格可以看出，宋朝（960—1279年）时期，长江各省的治水发展迈出了一大步，尤其是江苏、浙江、江西和福建省，有史以来统计数字第一次达到三位数；浙江和福建处于领先地位，前者有302项，后者有402项。湖北的发展也很迅速，从4项增加到了14项。值得关注的是，广东省也第一次有了治水工程，北宋16项，南宋24项。

这些省份治水活动的增加在南宋时期（1127—1279年）特别引人注目，这说明北方游牧部落的侵略，大大促进了长江流域下游和珠江流域的人口定居和发展。还有重要的一点需注意，南宋时期浙江省达到了非同寻常的185项。鉴于南宋定都杭州，增幅如此之大就不言而喻了。

（6）元朝（1271—1368年）、明朝（1368—1644年）和清朝（1644—1911年）有三个特点需要密切关注。一是长江各省及广东省日益重要，延续了唐宋之后的发展势头，把长江流域逐渐变为基本经济区。二是明朝时期湖北、湖南和云南的治水活动有了迅猛增长，分别是143项、51项和110项，而元朝的数字分别是6项、3项和7项。

第三个特点是这三个朝代都特别重视直隶，而大多数北方省份却遭到忽视。这明确说明当权者心怀恐惧，这种恐惧在呈送给皇帝的奏折中屡次表达过，它是因为基本经济区和政治基地相距太远造成的。政治基地有责任把直隶省的海河流域发展成基本经济区，或者用一些官员的话说，打造成"第二个江南"。①

---

① 江南是指长江以南最富裕的江苏和安徽两个省。

（7）有必要分别解释一下表格中四个带星号的数字。清朝时期，河南的治水活动达到了惊人的843项，但是省志记载这些活动的方式存在问题。其中，至少90%是小型的沟或者堤，通常的影响范围最大只有一个村，它们的修建时间是雍正五到七年（1727—1729年）。很小的工程都统计在内，因此得出的数据令人难以置信。很显然，这些数据属于异常情况。

在元明清时期，特别是明清时期，山西省的数字包括了私人工程，所以变大了许多。根据中国本土全部18个省的地方志来看，山西似乎是唯一私人水利工程众多的省份。这可能是山西省在最近五六个世纪中商业高度发展的结果。跟其他省份的数据相比，这一数据也明显是个例外。

表格中只包括15个省，但是对中国本土18个省的地方志都进行过查阅。表格中没有广西和贵州，这是因为这两个省的地方志缺乏所需要的数据，让人感到非常意外。山东省的治水活动，几乎都是黄河防洪和境内大运河的维护。因此，无法处理这种数据，去跟其他省份的数字进行比较。表格还存在一点不足，即清朝的数据不充分，因为大部分地方志都是在1911年之前的不同时期出版的，因此清朝末期的数字并不全面。好在清朝的情况并不像开始看起来那么糟糕，因为随着清朝日渐衰弱，到了晚期它的公共工程活动也逐渐减少；因此，这15个省的数据便足以说明本专著中心论点的总体脉络。

第四章　承担中国国家经济职能的治水的起源

　　从传统上看，中国治水工程的起源，跟大禹治水的历史传说和半虚构的中国古代井田制有关。先清除笼罩在这两件事上的阴云，才能摆脱 20 世纪的传奇与神秘导致的模糊状态，对事情有一个或多或少的清楚认识；这种认识，通过现存的为数不多的直接证据加以核实，就会让我们从总体上了解中国公共水利工程的起源。

禹和洪水的传说

最近,中国学者在典籍考证领域产生了兴趣,取得了一些有趣并富有启发性的成果。虽然他们在这一领域投入很多精力,但是存在劳而无功的危险。除非对历史局势的控制因素有新的认识,或者通过考古研究获得新的事实发现,否则对这一领域的进一步研究不会卓有成效。

最近考证典籍得出的最佳结论,也只能看作是有价值的假说而已,因为它们还有待考古发掘去证实;如果没有新的证据,新的解释和观点可能会推翻这些结论。如果抛开这些保守看法,那么中国在考证方面表现突出的青年学者顾颉刚的结论,的确值得认真考虑。

传统观点认为,禹是一位伟大的工程师兼统治者,他把中国泛滥成灾的江河治理得服服帖帖,沿着河道乖乖流淌,让中国(北方)避免了大洪水,从而创立夏朝。① 但是,顾颉刚对中国古代各种历史文献资料大胆分析比较之后,否认了这一观点。根据他的理论,中国古代历史的传统版本是不同时期的作者不断积累撰写的;那些假想出的历史人物和事件的先后顺序,与真实的历史顺序恰恰相反。

顾颉刚认为:"禹……出现于西周(前1046—前771年)时期,但是尧和舜首次出现在春秋(前770—前481年)末期。换言之,在

---

① 顾颉刚和其他学者对这个问题的全部讨论,可参考他的《古史辨》,第1卷,北平,1930年,特别是第59—142页和第206—210页。

公认的历史年表中出现越早的人物,在历史上出现的实际时间越晚。其实,在尧舜之前,人们就已经知道了禹;在伏羲和神农之前很久,人们就知道尧舜了;但是,在传统的历史年表中,顺序却完全颠倒。"①

顾颉刚认为,禹是长江流域居民神话中的神,时间大约是公元前11世纪,正是殷周两个朝代交替之际。这个传说肯定发生在会稽,即现在浙江省的绍兴。越人把禹作为祖先崇拜,推测他的墓地位于会稽。这个传说从会稽传到了安徽省的涂山,人们还认为禹曾经在这里召见不同部落的首领。传说又从涂山传到楚(现在的湖北省),然后由楚传到中国北方。传到北方,主要是因为自从周昭王(相传为公元前1026—前1002年)以来,由于战争等因素,北方势力与楚的接触很频繁。或许是因为这个原因,只是从周穆王(相传为公元前1001—前947年)开始,禹的名字才见于中国北方的真实历史记载,比如《诗经》,还有《史记》中较为可信的部分。由此可见,随着传说的扩散,禹的活动和影响范围似乎也在扩大;到了周朝后半期,传到了黄河流域中华文明的发祥地,这时就被人们普遍接受了。

顾颉刚认为,禹和洪水的传说之所以产生,是因为长江流域的地理条件非常特殊,森林、野兽、沼泽构成威胁,而且洪灾严重——尤其是在钱塘江(当时是长江支流),因此治水的要求非常迫切。

针对这一传奇,孟子这样说道:

---

① 恒慕义(Arthur W. Hummel):《一位中国史学家自传》(*The Autobiography of a Chinese Historian*),莱顿(Leyden),1931年,第97—98页。

浙江绍兴大禹陵大禹治水图 中国历史上的治水第一人——大禹,被认为只是一个传说,来自于水患严重的长江流域,而非中原地区。

第四章 承担中国国家经济职能的治水的起源 / 49

> 当尧之时，天下犹未平。洪水横流，泛滥于天下。草木畅茂，禽兽繁殖，五谷不登，禽兽逼人。兽蹄鸟迹之道，交于中国。尧独忧之，举舜而敷治焉。舜使益掌火，益烈山泽而焚之，禽兽逃匿。禹疏九河，瀹济漯，而注诸海；决汝汉，排淮泗，而注之江。然后中国可得而食也。①

孟子在另一处这样描述古代中国：

> 当尧之时，水逆行，泛滥于中国，蛇龙居之，民无所定。下者为巢，上者为营窟。书曰："洚水警余。"洚水者，洪水也。使禹治之。禹掘地而注之海，驱蛇龙而放之菹……②

顾颉刚推测，孟子描述古代中国地理条件时，描述的是当时楚（湖北）和越（浙江）的情况。他认为，楚、越两国的情况也许跟中国北方古时候的情况相似。几乎可以肯定，他的描述非常切合当时楚、越的情况，特别是尚未开发的楚国南部。另一方面，现代地质知识告诉我们，古代中国位于黄土草原的部分，既不可能有茂密的森林和植被，也不可能有危险的沼泽；位于中国北方冲积平原上的部分，也不可能有孟子着力描述的茂密森林和植被。③ 因此，根据顾颉刚的观点，禹和大洪水的传说十有八九是从长江流域传到中国北方的。然而，关于

---

① 理雅各（James Legge）：《孟子》，第2卷，牛津，1895年，第250—251页。
② 理雅各（James Legge）：《孟子》，第2卷，牛津，1895年，第279—280页。
③ 丁文江（V. K. Ting）《格拉内教授的"中国文明"》（*Professor Garnet's "La Civilization Chinoise"*），《中国社会及政治学报》（*The Chinese Social and Political Review*）第15卷第2期，北京，1931年7月。

禹的传说起源的结论并不意味着长江流域比黄河流域开发得更早,也不能改变中华文明的摇篮是后者而不是前者的事实。

无论将来新发现的证据,是支持还是推翻顾颉刚结论的积极贡献,他对这一传说的传统版本所进行的严厉批评,似乎已经成功推翻了一种神秘理论:即中国的水利事业起源于一位英雄国王的仁慈和自我牺牲。若干世纪以来,经过传统学者的屡屡肯定,这一神秘理论已经具有了宗教信仰似的权威,成为科学研究这一问题的重大障碍。只有彻底推翻这一理论,才有可能对关于治水活动起源的可用资料进行客观研究。

灌溉实践的最早记载和井田制

中国灌溉实践的首次真实记载见于《诗经》,有如下诗句:

滮池北流,浸彼稻田。①

据推测,这首诗是周幽王(前781—前771年)的王后所作。值得注意的是,记载中提到的第一个灌溉工程,就位于陕西省中部的黄

---

① 理雅各:《四书》(*The Chinese Classics*),第4卷,第2部分,第416页。除了第一行的第6和第7个单词之外,此处沿用理雅各的英译文。理雅各博士采用的是早期的权威解释,只翻译了一个"池"字,将"滮"当成描述水流的形容词。中国现代学者认为"滮池"是过去位于陕西省西安西部一座小湖泊的名字。参见缪天绶选注的《诗经》,上海,商务印书馆,1928年,第26页。

土地区腹地。《战国策》由大约出生于公元前第一个千年时的作者撰写，里面也提到了灌溉。它告诉我们，大约公元前5世纪时，东周打算种植水稻，而它的敌对国西周恰好位于黄河与洛河上游，因此控制了跟这两条河流相连的灌溉水渠，拒绝放水，结果东周被迫改种小麦。① 这些记载，虽然很简略，但是都很可信；它们清楚地说明，中国在公元前8世纪和5世纪就开始实行灌溉。但是，无法找到比这更早的记载。

必须注意，灌溉在最初肯定规模很小，只是在小范围进行。《诗经》中记载的只是一个水池，《战国策》中的灌溉水渠也不可能很大。生活在公元前6世纪的孔子提到过沟洫，但没有说明当时存在大型灌溉工程。中国学者沿用孔子的说法，一直把古代中国的灌溉系统说成"沟洫制"，而沟洫制是古代中国特别是周朝时期"井田制"的重要部分。如果不能正确理解"井田制"，就无法把握传统灌溉系统的真实性质。

自从孟子第一次描述之后，"井田制"一直都是人们激烈争论的话题。为了弄清它的来源，有必要把孟子的话全部摘引如下。滕文公派毕战去向孟子咨询"井田制"，孟子便介绍了井田制的大概情况。孟子这样说：

    子之君，将行仁政，选择而使子，子必勉之。夫仁政，必自

---

① 臧励和选注：《战国策》，"学生国学丛书"，商务印书馆，上海，1932年，第3—4页。

经界始。经界不正,井地不钧,谷禄不平。是故暴君污吏,必慢其经界。经界既正,分田制禄,可坐而定也。

夫滕壤地褊小,将为君子焉,将为野人焉。无君子莫治野人,无野人莫养君子。

请野九一而助,国中什一使自赋。

卿以下,必有圭田。圭田五十亩。

余夫二十五亩。

死徙无出乡。乡田同井,出入相友,守望相助,疾病相扶持,则百姓亲睦。

方里而井,井九百亩。其中为公田,八家皆私百亩,同养公田。公事毕,然后敢治私事,所以别野人也。

此其大略也。若夫润泽之,则在君与子矣。①

孟子(前372—前289年)这番概述的时间,在标志着封建土地所有制崩溃的第一个重要法令载入史册之后的两个多世纪。② 他在这里没有说明来源,只是后来在另一处引用了《诗经》中的诗句:

雨我公田,遂及我私。③

---

① 理雅各:《孟子》,第2卷,第243—245页。
② 《春秋》记载,公元前594年,鲁国开始按亩征收土地税。这标志着封建土地制度的衰落,这种制度强迫农奴在领主的土地上干活,所有农产品都要交给领主。之所以必须缴纳土地税,可能是由于封建土地所有制的衰落和私人土地所有制的兴起。
③ 理雅各:《孟子》,第2卷,第242页。

《孟子》新解

认为孟子每个细节都正确的中国传统学者，显然把对孟子的忠诚置于历史研究的真实之上。然而，谨慎的学术研究并不排斥将孟子的著作视为有价值的线索。

考虑到中国北方的地理条件，在最有利于自身发展的地区，有充足地下水的水井或者深坑，自然便成为土地制度的主要特征。井田可能是一种以井为核心的庄园式管理单位。郭沫若告诉我们，西周时期（前1050—前781年）的青铜器铭文说，在大散关（今陕西省宝鸡县）附近有一个名字叫"井国"的封建国家。[1] 郭沫若没有注意到其中的联系，但是它之所以叫井国，很可能就是因为实行了井田制；而井田制这个名称也可能经过逐渐演变，成为这一时期土地制度的代名词。

井字的形状"#"可能使孟子想到：古代庄园的单位实际上划分为9块方田。后来的一些作家沿袭孟子，又不断添加细节阐述他的观点，最后《周礼》中编造出了一种理想的土地制度。大部分现代权威认为，《周礼》完成于西汉（前206年—25年）末年。同时，井田制中关于领主的内容，逐渐被后来的作者忽视，最后就全部忘记了[2]。编造出的9块方田的形式显然很荒唐，而且封建社会与田园诗式的共

---

[1] 郭沫若：《中国古代社会研究》，上海，1931年，第300页。
[2] 参见廖仲恺写给胡适的信，载《胡适文存》，第1卷，上海，1921年，第253—263页。

产主义土地所有制也明显存在矛盾,结果许多持怀疑态度的作者彻底否认井田制的存在,并谴责这纯粹是主观臆造。①

然而,如果不考虑人为的整齐规划这一次要细节,按照孟子主张的复井田宗旨,并根据关于当时社会经济总体状况的佐证,解释他对井田制的概述,就会发现井田制具有重建的可能性,它不仅看起来合理,而且也清楚地概括了古代中国的社会经济生产基本单位的主要特征。这种基本单位是指原始的农村公社,它到孟子时代已经明显在瓦解和分化了。

孟子主张恢复井田制的主要目的,是"正经界"、"井地钧"、"谷禄平"。禄(或"薪俸")是指封建主的收入,即一个单位的井田中的"公田"或者领主所有的土地的全部产品;"公田"由农奴家庭共同耕种,他们同时也耕种自己的"私田",以维持生计。假如劳动生产率的水平处于停滞状态,井田单位的大小通常就会根据农奴的生产能力来测算,分给每个农奴家庭的"私田"的大小很可能会受到通常的生活费用的限制。因此,封建主控制并从中获益的土地数量取决于他所控制的农奴户数。争夺农奴和土地的封建战争司空见惯;但是就内部而言,只要劳动生产率不发生重大变化,社会制度可能会保持稳定。

---

① 参见胡适写给廖仲恺与胡汉民的信中关于该问题的有趣讨论,载《胡适文存》,第1卷,第264—282页。信中包括很多处于萌芽状态的有趣说法。但是,他错误地认为孟子的说法纯属臆造,没有任何历史基础。

但是，到了公元前第一个千年中期，中国北方开始使用铁器，[1]大约在同一时期开始用牛耕地，[2]并且越来越多地使用畜肥，[3]因此中国农奴的生产率肯定显著增长。领主自然会从这一变化中看到减小"私田"面积的大好时机，从而让农奴更多地为自己劳动，并从中受益。

"暴君"和"污吏"企图通过改变公田和"私"田的边界，夺取农业生产率发生的巨大变革所带来的果实，这种做法几乎不可避免会带来严重社会后果。与其他农奴相比，失宠农奴的私田丧失得更多，情况也会更加糟糕。孟子在这种过度与不公平的剥削中看到了社会动荡的原因。这样，农奴肯定会产生一种试图逃避过重负担的倾向，他们会离开土地，去从事当时手工业和商业发展催生的其他职业。所以，孟子主张恢复井田制，他认为通过明确田界，可以均分土地，减轻和平分农奴负担，从而解决当时的社会经济问题。

---

[1] 章鸿钊（H. T. Chang）：《中国铜器铁器时代沿革考》（Studies in the Development of Bronze and Iron Age in China），《中国地质学会专刊》（Memoirs of the Geological Survey of China）。该论文由恒慕义（Arthur W. Hummel）博士译成英文，手稿存放在华盛顿哥伦比亚特区的国会图书馆。另参见毕士博（C. W. Bishop）：《中华文明发展中的地理因素》（The Geographical Factor in the Development of Chinese Civilization），《地理评论》（Geographical Review），第12卷，纽约，1922年1月，第32页；毕士博：《中华文明的兴起》（Rise of Civilization in China），《地理评论》第22卷第4期，1932年10月，第630—631页。

[2] 徐中舒：《耒耜考》（On Some Agricultural Implements of the Ancient China），中央研究院，《历史语言学研究所集刊》（Bulletin of the Natural Research Institute of History and Philology），第2本，第1部分，北平，1930年，第58页。

[3] 万国鼎：《中国田制史》，南京，1933年，第37页。

分给农奴的所谓"私田"绝对不能认为是现代意义上的私人财产。像欧洲中世纪的农奴一样,中国古代的农奴只是获得了土地的使用权,而这种使用权是通过为领主服务,主要是指耕种公田和服兵役换取的。"公田"很像英国中世纪的领地。"私田"和公田实际上都是领主或者说"君子"的财产,正如孟子指出,他们不仅从上级领主那里获取或持有可以世袭的土地,而且控制着被孟子称为"野人"的农奴,这些农奴的义务就是"养君子"。

井田就像欧洲历史上的庄园,显然是封建等级制度的一种最底层的经济和管理单位。农奴"死徙无出乡"。因此,他们被限制在了土地上。"乡田同井,出入相友,守望相助,疾病相扶持"。所以,井田是组织有序、经济上自给自足的农业组织单位,这是一种农村公社,是组成封建社会基本结构的细胞。

封建领主直接或间接管辖的井田数量,由领主在封建等级制度中所处的地位所决定。北宫锜询问周朝封建爵禄等级制度的情况,孟子便列了一个长单,说明这种等级以及相应的土地数量。但是,他透露说无法获悉这种等级的详情,因为当时的封建领主处于封建制度衰落期,认为有关记载会损害他们的利益,所以进行了破坏。[1]

这个长单说:"天子之制,地方千里;公侯皆方百里;伯七十里;子男五十里,……天子之卿,受地视侯;大夫受地视伯;元士受地视

---

[1] 理雅各:《孟子》,第 2 卷,第 373—376 页。

子男。……耕者之所获，一夫百亩。……"

假如像第一处引文所说的，"方里而井，井九百亩"，那么据此推断，天子可以得到1000块井田，大约8000个农奴家庭归他直接管辖。当然，他通过大臣统辖领土，并按照各自的等级分给他们一定数量的井田单位。除了天子直接管辖的被称为"王畿"的领土之外，还存在面积和重要性各不相同的封国。名义上，它们全部服从于天子的宗主权，但是实际上，它们通过自己的统治者和一系列不同等级的封建下属实行自治。这些下属根据自己在封建等级中的地位，获得一定数量的井田单位。这种复杂的封建上层建筑的最底层就是其经济基础——井田单位。每一个井田单位都是自给自足的农村公社，承受的封建剥削不断加重。

承认孟子的说法基本反映了古代中国封建制度，并非意味着必须接受这样一个传统观念，即周王是一个覆盖中国全部领土的单一国家的最高统治者。孟子对这个问题的说法的最好解释，是周王对分布在整个黄河流域的众多封国实行一种松弛的宗主权。

除非通过考古发掘或其他方法找到新资料，否则对古代中国土地制度的最好解释，就是前文引用孟子的有关说法。本书在此处的解释，似乎是根据现代对当时经济史的认识，对那些文字作出的最合理解释。

"沟洫"

井田是一种农村经济与行政管理单位,构成了中国封建社会的基础。根据大多数中国学者的传统观点,"沟洫"是井田单位之间的边界,也是每个单位内9块方田之间的边界。对井田制最详细的说明见于公元初始的《周礼》一书中,但是描述得太理想化,形式也太完美、太规则,反而让人觉得不够真实。即使有类似《周礼》中描述的"沟洫"系统存在,那也只能是在中国南方。在中国古代整个黄河流域的土地上,井田单位的边界不可能都是"沟洫"。《周礼》中的说法,在很大程度上,是后来的学者根据零碎的历史知识和对长江流域条件的观察,进行的想象性构建。然而,几乎毋庸置疑,在孔子或更早时期的古代中国,确实有历史证据表明井、沟、洫的存在;否则,就不会称为井田制,孔子也不会无缘无故地提到沟洫了。但是,这些沟洫肯定是区域性的,没有井田单位农奴的共同努力,要建造和维护这样的工程也许是不可能的。

发展大型水利工程的社会前提

本章前面所引用的关于灌溉的古代文献,都没有提到过大规模的水渠或者其他的灌溉工程。这类工程在古典封建时期明显不存在,这并不难理解。正如前文讨论古代土地制度时指出的，鉴于封建社会的社会经济组织，全部农奴家庭都被束缚在井田单位上，除非井田制崩溃，否则不会有多少剩余和自由的劳动力。在这种条件下，大量调动劳动力必然会影响农场的正常运作，领主会马上感受到由此产生的影响。

到了后来，特别是汉朝以后，情况就迥然不同了，已经出现了数十万劳动力在乡间流动。此时，因为要征收近似固定的最低赋税，土地私有制掩盖了征调农民修建公共工程带来的危险。

这种情况的出现，使得调动大批劳动力相对容易，而且也不会遭到明显反对。在此之前，集体劳动肯定只是局限在井田单位的区域性事务。在古典封建时期的中国，大型工程肯定是不太可能的，虽然不敢说绝对没有。另外，这一时期还尚未使用铁器，因此低效的工具和粗陋的工程技术，也妨碍了大型水渠和陂塘的修建。

战国时期（前475—前221年）发生了重大的社会革命和技术革命，终于使中国迎来了下一个历史时期，即半封建或帝国时期。正如本章前文所说，铁器时代的开始，牛耕的出现，畜肥的逐渐推广，农业劳动生产率的革命性提高，破坏了古代土地制度，逐渐产生了私人土地所有制。

这一时期可以追溯到按亩征税[①]制度的开始，即公元前594年，鲁国不管土地的性质是公田还是"私田"，也不管耕种土地者的实际

---

① 亩，度量衡单位，约等于1/6英亩。

身份，开始实施初税亩。劳动生产率提高了，井田制解体了，大批农奴离开了土地。同时，由于公田和"私田"之间的差别消除了，土地所有者——无论是小贵族还是富商——开始实行按田亩纳税，不再像以前一样依靠直接劳役地租，这样就消除了封建领主与日常生产事务之间的束缚，解除了他们对大规模长期劳役对农业生产造成的有害影响的担忧。这样，土地制度革命为实施大规模劳役和兴建大型水利工程创造了条件。

封建斗争的武器——水利工程

社会经济危机风起云涌，加剧了封建国家之间的冲突。很有趣的是，在与邻国的斗争中，各国的封建统治者都迅速看到，建设水利工程可以作为一种有价值的新式武器，用来扩大自己的利益。

汉朝的著名水利专家贾让说：

> 盖堤防之作，近起战国。雍防百川，各以自利。齐与赵、魏，以河为竟。赵、魏濒山，齐地卑下，作堤去河二十五里。河水东抵齐堤，则西泛赵、魏。赵、魏亦为堤，去河二十五里。[①]

明朝学者郑晓（1499—1566年）在《古言》一书中，对这一时

---

① 班固：《汉书》，第29卷，《沟洫志》，第13页。

期的治水活动进行过描述。他是这样说的：

> 至周之衰，井田渐废。侯国争水利者筑堤，以包沃饶之利。避水患者亦筑堤，以邻国为壑。堤日多，水日束，日失其性而致怒，决溢之害不小。①

贾让、郑晓二人说的都是利用黄河上的水利工程作为武器的封建斗争，为抢占肥沃河床进行耕种的斗争，以及让邻国面临洪水威胁的斗争。②

封建中国的人工水道

然而，作为封建斗争的武器，水利工程的最重要用途是建设人工水道。到了后期，封建斗争日益频繁，为了运送军队和粮食，人们开始疏浚河道，挖掘运河。土地制度发生了革命，封建诸侯征收土地税，商业获得发展，地方封建公社的孤立状态被打破，更多的权力集中到诸侯国国君的手中，纳税或进贡的粮食也必须运送到权力中心。以上诸因素和商业需要推动了人工水道的建设。

---

① 傅泽洪：《行水金鉴》，第3卷，1725年，第5页。
② 不管当时修建这些工程的目的是什么，也不管它们是竞争而不是合作的性质所造成的危害，客观结果是从新的经验中提高了兴建大型水利工程的技术。这种技术一旦融入一个民族的意识中，特别是在治水如此重要的中国，它在历史上的作用和意义难以估量。

公元前468年，吴王夫差为了实现自己的北伐大计，挖掘了邗沟，这是最早把淮河与长江连接起来的运河。① 司马迁（生于公元前145年）提到过鸿沟（后称汴渠）的挖掘，它把黄河水引向东南，通往宋、郑、陈、蔡、魏等诸侯国，而且跟济、汝、淮、泗四条河连接了起来。在西边挖掘的运河通到了汉水、云梦之野；在长江下游的吴国，通到了三江②、五湖（现在的太湖）；在齐国，连通了山东的淄水和济水。在蜀国（四川省），太守李冰挖掘了一条流经成都的运河，把这一地区的航运河道连成了一个系统。

司马迁在列举了早期修建的运河工程之后，又着重补充说："此渠皆可行舟，有余则用溉浸，百姓飨其利。至于所过，往往引其水益用。溉田畴之渠，以万亿计，然莫足数也。"③

最早的大型灌溉工程

据目前所知，修建最早的大型水利灌溉工程是芍陂，它位于安徽

---

① 《左传·哀公》，第22页。
② 传统上认为，长江下游在江苏分成三条岔流。
③ 司马迁：《史记》，第29卷，《河渠书》，第2—3页。崔适认为，《史记》中关于河渠的整个部分并非司马迁所写，而是后来的学者从《汉书》的《沟洫志》中抄上去的。见崔适《史记探源》，第2卷，第8章，1922年，国立北京大学出版部版，第4卷，第18页。但是，本段落使用的这一段史料，在上面的两本书中基本上一样，不过对于本书论述的目的而言，是哪位作者写的并不重要。

安徽寿县安丰塘 安丰塘的前身芍陂是中国修建最早的大型水利灌溉工程,也是中国古代四大水利工程之一。

省北部的寿县附近。据推测，它是由周定王（前606—前586年）时期的楚国令尹孙叔敖修建的。它灌溉着4万顷土地，许多世纪以来一直是该地区最重要的灌溉工程，到了汉唐以后进行过多次修缮。[1]

第二个修建重大水利灌溉工程的人叫西门豹，这份荣誉非他莫属。他是魏文侯（前403—前387年）时期的魏国官员。司马迁是这样说的：西门豹被任命为魏国邺令，破除了当地人为河神娶妻的迷信，惩罚了利用迷信谋利的士绅和官僚。这些人与一个老巫婆密谋，勒索钱财，借口为河神娶亲，将专门挑选的农家少女淹死河中。当时，关于河神娶亲和以人献祭的迷信司空见惯。古书《风俗通》提到过四川的一种类似风俗，说太守李冰竭力破除这种风俗，目的是挖掘灌溉渠道，让农民从灌溉中获益。[2] 他巧妙遏制了这种风俗之后，动员农民开挖了12条渠道，引黄河的水灌溉农田。

司马迁在记载这一故事时，这样评价农民对这一工程的反应："田皆溉。当其时，民治渠少烦苦，不欲也。豹曰：'民可以乐成，不可与虑始。今父老子弟虽患苦我，然百岁后期令父老子孙思我言。'"[3]

对强迫劳动（即强迫劳役）的不满，肯定是人们抱怨西门豹的主要原因。大规模水利工程建设，在当时还是一种新生事物，人们对它是否能带来利益持怀疑态度，因此劳役让他们觉得更加难以忍受。

---

[1] 康基田：《河渠纪闻》，第2卷，1804年，第18页。
[2] 司马迁：《史记》，第29卷，《河渠书》，第2页。
[3] 司马迁：《史记》，第126卷，《滑稽列传》，第12—15页。

根据真实记载，下一个大规模的灌溉工程是史起修建的。史起在魏襄王（前318—前296年）手下做官，魏襄王是西门豹时期魏文侯的曾孙。史起在国君面前批评西门豹，说他没有利用河南省的漳河进行灌溉。他说，在魏国其他地方，每个农民都分到100亩农田耕种，而在邺县却是200亩。他认为这是因为邺县的土壤不好，必须利用漳河水致富。他被国君任命为邺令后，便在此地挖掘水渠，治理漳河进行灌溉，使河内（位于河南省黄河以北）富裕起来。当时的人这样歌颂他的：

> 邺有贤令兮为史公。
>
> 决漳水兮灌邺旁，
>
> 终古舄卤兮生稻粱。[①]

标志着水利工程发展初期达到顶点的是郑国渠。这一工程是封建战争时期向统一的半封建帝国时期过渡的桥梁。它于公元前246年破土动工，也就是在这一年后来的秦始皇登上王位。修建郑国渠的详细情况，将留到后面的章节介绍。

把泾水流域变成肥沃多产的农田后，郑国渠为秦国的繁荣昌盛打下了物质基础，使陕西中部变成中国的第一个基本经济区。控制这一地区后，秦国获得了征服其他诸侯国的强大武器。秦统一中国，开启了中国历史的新纪元，由此进入了一个发展公共水利工程的时代。两

---

① 班固：《汉书》，第29卷，《沟洫志》，第2页。

千年来，这些工程在中国政治的统一和分裂中，发挥了非常重要的作用，极大地影响了经济生活重心从黄河流域向长江流域转移。

作为公共职能的治水

前文对古代中国治水起源的调查，揭示了一个重要事实，即这种大的事业都源于国家的职能。大型的治水工程，几乎无一例外，都是公共工程。这种看法是中国治水体系中自然而然的一个重要部分。然而，除非清楚说明治水发展与国家关系的性质及其发挥作用的方式，否则永远无法充分认识它的历史和社会经济意义。卡尔·马克思在回答关于东方的问题时这样说：

> 在西方，譬如在佛兰德斯和意大利，节约用水和共同用水的主要需求促使私有企业自愿联合。但是，东方的文明程度太低，幅员太广阔，无法形成自愿联合，因此就必须依靠政府的中央集权进行干预。因此，一种经济职能——即修建公共工程的职能——便转到了所有亚洲政府的头上。[1]

佛兰德斯和意大利的商业资本都已经达到了很高的水平，因此可以自愿联合起来发展灌溉。如果认识到这一点，马克思评价东方文明

---

[1] 卡尔·马克思（Karl Marx）：《英国在印度的统治》，《纽约论坛报》（New York Daily Tribune），1853年6月25日，第5页。

水平"太低",无法取得类似发展的意思就清楚了。在中国,占统治地位的地主官僚屡屡把商业资本的发展扼杀在摇篮之中,他们把每一项有利可图的重要事业迅速宣布为国家垄断,而且他们如果觉得忽视萌芽的商业阶层会不安全时,就会把他们吸收到自己的行列中去。

于是,人民或者说社会的非官僚人员,就没有充足的资本;需要花费大量资金的大规模自愿联合,就失去了基础。因此,最大的合作单位就是村庄,几乎任何一项单个村庄无法完成的事业,都必须有地方官员的干预,还要让他负责动员劳动力,监督地方工程的建设,协调敌对村庄的用水问题。①

官员的治水责任

康基田是清朝的一位出色的治水权威,他的话说明了地方官员治水责任的重要性。他是这样说的:

> 至疏内地之渠,使同沾溉,费重而难善其后,官既不能无累于民,使民自为之,非一人一家之事,易起争端,力常苦于不继。②

顾士琏是清朝初期的学者和官员,他写过一篇文章谈论地方官员

---

① 在元、明、清三个朝代,山西省的商业资本非常发达,因此私人修建了大量水利工程。
② 康基田:《河渠纪闻》,第 4 卷,第 12 页。

对于灌溉和排水的责任。在讲述一名出色的地方官员应该承担什么样的治水责任时,文章指出一个地区的生产能力和地方官员的勤勉息息相关。文章说:

> 守令为亲民之官,水旱皆切身疴痛。百里内外,河渠堤防,可日涉而知。岁当农隙,守令巡行郊野,询疾苦,省勤惰。相原隰,问通塞,稽斗闸。何利当兴,何害当革,何处成熟,何处抛荒。有关国计民生,须一一留心筹算。……①

然而,地方官员却往往逃避这一重大责任,宋朝著名的学者兼官员范仲淹(989—1052年)在写给大臣的一封讨论"水利"的信中提到了这一现象。他指责地方官员推卸责任,太依赖朝廷的行动,并且明确指出:"畎浍之事,职在郡县;不时开导,刺令之职也。"② 然而,如果涉及几个县,或者费用很高,高级官员想插手,工程就会由节度使,甚至是专门成立的皇室机构监督。

国家经常颁布诏书,督促治水活动的进程,或者下令修建专项工程。例如,数十万劳动力修建运输水道,就要依靠徭役制度,而且通常都是由皇帝颁布诏令,由皇帝任命专员进行监督。特别是明清两朝的黄河堤防工程,都是由特别指定的高级官员负责。

官员们对待这一繁重而艰巨的任务的态度非常认真,明朝一位高

---

① 顾士琏:《水利五论》,第5页,作为"棣香斋丛书"的一部分出版。
② 《苏州府志》,第9卷,1881年,第4页。

级官员是这样的:"筑堤如筑边,守堤如守边。"① 马克思提到的幅员辽阔,自然也使得任务更为艰巨。这种大规模的重要工程,农民或者个体商人无能为力,除非利用国家的集中资源和权力,否则无法完成。

人民群众对官僚制度职能的这种依赖关系,马克斯·韦伯(Max Weber)说得非常清楚:

> ……在埃及、西亚、印度、中国的文化发展中,灌溉问题至关重要。水的问题决定着官僚制度的存在,决定了从属阶级必须提供服务,决定了臣民阶级对君王官僚制度职能的依赖。②

韦伯未能说明的重要一点,即官僚制度的职能取决于统治集团的政治目的,而不是对人民群众的一般责任感。

---

① 《河南通志》,第14卷,第19页。
② 马克斯·韦伯(Max Weber):《普通经济史》(General Economic History),伦敦:乔治·艾伦和昂温有限公司,1927年,第321页。

第五章　作为基本经济区的黄土地区和黄河流域中部

公元前 3 世纪中国古典封建时期结束的时候,秦始皇征服了各个诸侯国,一统天下,中国首次实现统一。[1] 在泾水和渭水流域,即今天位于中国北方黄土地区腹地的陕西省,秦国不断壮大,日益强盛。司马迁特别强调,秦国的成功秘诀就在于泾河流域灌溉的发展,特别

---

[1] 顾颉刚曾经指出,关于中国在更早的朝代就已经实现统一的说法是错误的。见顾颉刚:《古史辨》,第 2 卷,北平,1930 年,第 1—16 页。

是公元前246年① 开凿了郑国渠。短短26年之后,秦始皇便一举统一全国。

秦和郑国渠

郑国渠的故事充满矛盾,但是在大变革时期,统治者内心烦乱,这样自相矛盾的事情也并非罕见。《史记》的《河渠书》②中是这样讲的:

> 韩闻秦之好兴事,欲罢之,毋令东伐,乃使水工郑国间说秦,令凿泾水,自中山③西邸瓠口为渠,并北山,东注洛三百余里,欲以溉田。中作而觉,秦欲杀郑国。郑国曰:"始臣为间,然渠成亦秦之利也。"④秦以为然,卒使就渠。渠就,用注填阏之水,溉泽卤之地四万余顷,收皆亩一钟。于是关中为沃野,无凶年。秦以富强,卒并诸侯,因命曰郑国渠。⑤

---

① 司马迁:《史记》,第15卷,《六国表》,第425页。表中说公元前246年是"始皇帝元年"。这里指的是那个名叫"政"的人登基成为秦王的第一年,他后来成为始皇帝。把这一年定为乙卯年,也可以说明这一点;另外,历史学家也采用这一方法。乙卯年是公元前246年,而不是政成为皇帝的公元前221年。
② 司马迁:《史记》,第29卷,第3页。
③ 现陕西省泾阳县。
④ 除了引用司马迁的《史记》内容之外,《汉书》中还有如下句子:"'……臣为韩延数岁之命,而为秦建万世之功。'秦以为然……"见班固:《汉书》,第29卷,《沟洫志》,第3页。
⑤ 司马迁:《史记》,第29卷,第1页。

从历史的角度进行考察，似乎就会明白，这项工程是在非同寻常的背景下开始的，而且并非偶然。韩国统治者采用这一计谋欺骗秦国，说明当时人们还不习惯于修建大型灌溉工程，而且对这项工程，究竟是赞成还是反对，各诸侯国的统治者也犹豫未决。韩国的政治家认为，秦国是自命不凡的新贵，热衷于创新，但是缺乏经验，因此便萌生鼓动其修建大型灌溉水渠的计策，认为秦国会轻易上当受骗。

　　秦国果然中计，但是并未造成不利影响。修建工程征召了成千上万名达到服兵役年龄的农民劳工，客观上阻止了秦国扩大本已很强大的军队。另外，在修建公共工程期间，秦国的征服野心也可能会有所遏制。但是，这个庞大的灌溉系统一旦建成，就会像人体内的血管一样遍布秦国领土（今陕西省），让秦国粮食满仓。司马迁把该灌溉工程与秦国的成功直接联系起来，因此他明白提高生产率的重要意义。韩国忽视了这一基本历史事实，因此付出了亡国的代价。郑国渠为陕西中部未来数百年的灌溉系统打下了基础。它使陕西中部成为中国的基本经济区，秦国对这里的控制成为最终一统天下的强大武器。但是，对基本经济区的控制只能意味着一种物质优势，是一种成功的条件；因为它既不能保证成功，也不能保证取得暂时胜利之后不会失败。政治和社会经济状况可能会导致起义运动，反叛者会把统治者赶出基本经济区，并取而代之。

　　这种情况就恰恰发生在秦国。秦在中国历史上第一次把土地私有

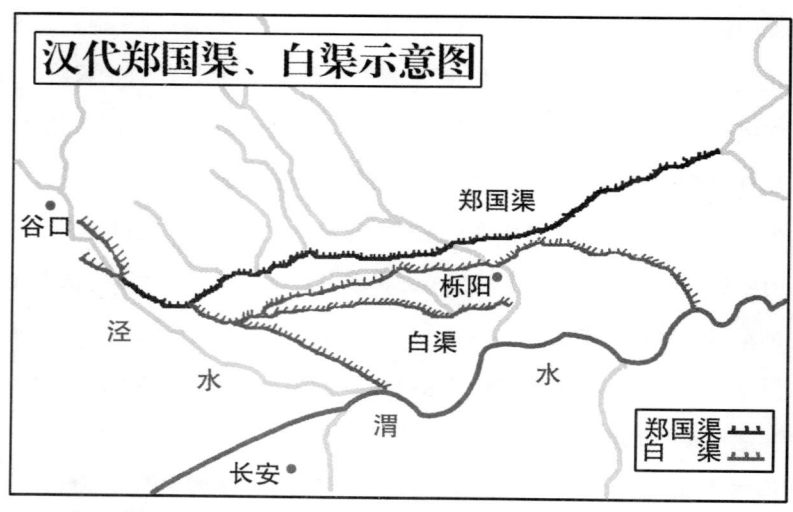

郑国渠、白渠示意图 郑国渠的建成，使秦国粮食满仓，为统一六国奠定基础。

制合法化，以郡和县①为基础组织国家，把新兴的土地私有阶级从古典封建主义的枷锁中解脱出来，加快了农民的阶级分化过程，加重了实际耕种土地的劳苦大众的压力。结果，到了始皇统治时期，数十万农民已经无法依靠土地生存，出现了庞大的剩余劳动大军，于是统治集团跃跃欲试，开始修建阿房宫和长城等大型公共工程，并进行对外征服，比如针对匈奴人的扩张战争。其结果众所周知。一场声势浩大的群众起义爆发了，由被秦征服的诸侯国的贵族及其随从发动的反秦运动也不断壮大，最终他们联手推翻了秦的统治。反秦联盟中的不同派系经过多年斗争之后，汉朝建立了（前206年—公元220年）。汉朝成为统一的中国的新统治者，把原先秦朝的基本经济区关中，作为政权的地理和经济基础。

关中与汉朝的兴起

秦朝灭亡后，刘邦最终打败了强大的对手——楚国的项羽，创立了汉朝。他的成功主要归功于对关中的控制。他很英明，委托自己的

---

① 公元前350年，即秦孝公十二年，采取的历史性举措使得井田制正式瓦解，买卖土地合法化，秦国从行政上划分为41个县，每个县由国君任命一名官员进行统治。两年之后，即公元前348年，开始实行土地税制——赋。司马迁：《史记》，第5卷，《秦王本纪》，第22—23页；第68卷，《商鞅传》，第4—5页。司马迁没有明确提到井田制的废除，但是班固在前引书第24卷《食货志》第7页中提到了。

主要政治幕僚萧何对这一基本经济区进行管理。在战争的紧急关头，萧何源源不断地为汉军提供物资供应。汉朝建立后，要对主要功臣论功行赏，朝廷便展开了讨论，结果萧何居功至伟，由此可见，萧何的同代人都认为他的工作非常重要。

鄂千秋是一位与萧何同时代的达官显贵，是他提出要重赏萧何，并明确阐述了其中的原因。他说："夫汉与楚相守荥阳数年①，军无见粮。萧何转漕关中，给食不乏。陛下虽数亡山东，萧何常全关中待陛下，此万世功也。"②

刘邦阵营中的杰出谋士张良，也认识到了关中在战争与和平时期的重大意义。他把关中描述成一片"沃野"③，说"南有巴蜀④（今天的四川省）之饶，北有胡苑之利，阻三面而固守，独以一面东制诸侯。诸侯安定，河、渭漕挽天下，西给京师；诸侯有变，顺流而下，足以委输。此所谓金城千里，天府之国"。⑤ 基于这一分析，张良建议定都关中。

关于汉朝时期关中的经济优势，司马迁的说法相当明确。他是这

---

① 3年。见司马迁：《史记》，第130卷，《太史公传》，第20页。
② "万世"一词的意思是无限期。班固：《汉书》，第39卷，《萧何传》，第4页。
③ 唐朝训诂家颜师古说："沃者灌溉也，言其土地皆有灌溉之利。"见班固：《汉书》，第40卷，《张良传》，第8页。
④ 这里得到开发，是因为秦朝李冰修建了一项大型灌溉工程。
⑤ 班固：《汉书》，第40卷，《张良传》，第8页。

样说的:"故关中之地,于天下①三分之一,而人众不过什三;然量其富,什居其六。"②

汉武帝时期的水运和灌溉

然而,统治者的生存从来都不是仅仅依靠基本经济区的供应维持的。每当国家经历一段统一与和平时期,统治集团的胃口便愈来愈大,满足自己对物品更大需求的愿望便日益强烈,征服边远领土的欲望便愈发膨胀,寻找税收新来源的想法也更为迫切。

前汉时期,向首都缴纳贡粮的补充经济区是黄河流域下游,③ 在汉朝初期,它每年生产贡粮几十万担。④ 到公元前110年,已经增加到了令人吃惊的600万担。⑤ 于是,在掌权者眼中,关中的农业生产率问题,黄河、渭水的水运开发问题,都变得日益突出,尤其是在汉武帝时期(前140年—前87年)。

公元前134年到公元前131年间,大司农郑当时建议开凿一

---

① 指中国。
② 司马迁:《史记》,第129卷,《货殖列传》,第7页。
③ 这一地区被称为关东,包括山西南部、河南北部和山东西部。
④ 班固:《汉书》,第24卷,《食货志》,第8页。
⑤ 司马迁:《史记》,第30卷,《平准书》,第18页。

条 300 多里长的运河，连接首都长安和黄河，可以把漕运里程缩短 2/3，把漕运时间缩短一半。①

大司农在提出这一建议时，细心地指出了该工程的双重目的，这是中国许多治水工程的共同特征。他说，除了运输以外，这条运河使"渠下民田万余顷，又可得以溉田"。他总结说："此损漕省卒，而益肥关中之地得谷。"② 汉武帝批准了这项工程，令齐人水工徐伯表负责修建。根据历史记载，为修建该工程，共征用"卒数万人"，③ 历时 3 年方竣工。

大约在同一时期，河东（黄河以东，位于今山西省）郡守番系，提议修渠引汾水灌溉皮氏（今山西省河津县）和汾阴（今山西省荣河县），并且引黄河水灌溉汾阴与蒲坂（今山西省永济县）。

为了证明该建议的正确性，这位郡守说道："漕从山东西，岁百余万石，更砥柱④ 之限，败亡甚多，而亦烦费。……度可得五千顷。五千顷故尽河壖弃地，民茭牧其中耳，今溉田之，度可得谷二百万石以上。谷从渭上，与关中无异，而砥柱之东可无复漕。"⑤

---

① 司马迁：《史记》，第 29 卷，《河渠书》，第 4 页。大司农的原话是这样说的："异时关东漕粟从渭中上，度六月而罢，而漕水道九百余里，时有难处。引渭穿渠起长安，并南山下，至河三百余里，径，易漕，度可令三月罢。"

② 司马迁：《史记》，第 29 卷，第 81 页。

③ 司马迁：《史记》，第 29 卷，第 81 页。

④ 位于山西南部边界处黄河中间的一块石礁。

⑤ 司马迁：《史记》，第 29 卷，第 81 页。

汉武帝批准了这项工程，命令几万士兵挖掘运河。几年后，河道改变破坏了运河，导致开垦的土地全部荒废。

需要注意的是，汉武帝在位初期修建的这两项水利工程，主要是为了改善运输。国家需要调用和集中漕粮，因此这样做理所当然。只有出现两种情况，一是政府的粮食日益匮乏，二是农民的粮食被过度调拨或者生产严重不足，导致骚乱和起义，政府才会被迫通过发展生产来解决问题，才会把兴修灌溉工程作为重中之重。

汉武帝的灌溉诏令

公元前111年，汉武帝颁布下列诏令，阐述灌溉的重要意义：

"农，天下之本也。泉流灌浸，所以育五谷也。……名山川原甚众，细民未知其利，故为通沟渎，畜陂泽，所以备旱也。"[1]

诏令提到了左内史儿宽的奏议，他建议为郑国渠开凿6条辅渠，灌溉郑国渠附近太高而无法灌溉的农田。[2] 在诏令中，汉武帝阐明了中国农业生产的基本问题即如何妥善利用和管理水，认为国家涉及生产的主要经济职能就是建设和维护公共水利工程。对这两个问题的准确理解，是中国有建设性的治国之术的先决条件。

---

[1] 班固：《汉书》，第29卷，《沟洫志》，第7页。
[2] 该奏章得到采纳，水渠也开凿成功。

防洪和基本经济区

　　修建6条辅渠时,河南、山东境内的黄河已经溢水一段时间,瓠子的决口也没有填堵。汉武帝不把黄河堵口视为当务之急,竟然优先开凿六辅渠,这种做法激怒了清朝历史评论家康基田。他批评汉武帝不修补黄河堤岸,置5郡或10郡人民的安危于不顾,去搞一项"一隅之利"的工程。①

　　从人道主义角度而言,康基田的批评合情合理,但也说明他不清楚在半封建时期中国经济政策中基本经济区的关键作用。6条辅渠固然只能利济"一隅",但是这一隅却举足轻重,堪称基本经济区。遭到洪水破坏的5郡或10郡,也许人口更多,粮食总产量更大,但是距离首都太远。汉武帝批准修建六辅渠计划时,对这两个地区和这两项水利工程孰重孰轻进行过权衡,这说明他对基本经济区的重要性有深刻的理解。

　　为了加强关中的经济地位,汉武帝修建了褒斜道,把相距100里左右的褒水和斜水连接起来。最初的目的是把漕粮从汉水流域的南阳经过沔水运到褒水,再由褒斜道经陆路运至斜水,最后经渭水运到首都。褒斜道建成了,但是河道中存在大量巨砾,无法通航。

　　开发汉水流域的资源失败之后,汉武帝开始修建龙首渠,目的是

---

①　康基田:《河渠纪闻》,第3卷,1804年,第8页。

治理洛水用于灌溉。工程动用了1万名士兵，但是最后也遇到了挫折，"作之十余岁，渠颇通，犹未得其饶。"① 这两项工程失败之后，武帝开始关注瓠子口的黄河堤岸，而且在他亲自监督之下，终于堵上了决口。这时距离堤岸决口已经有20年之久，后来的历史学家对这次成功堵口赞不绝口，认为是一项了不起的成就。

汉武帝在建设工程中所发挥的作用以及对工程获得成功的盛大赞誉，让国家贵族充分认识到了修建具有公共职能的水利工程的重要性。

西北和淮水流域的灌溉工程

历史学家班固说："自是之后，用事者争言'水利'。朔方、西河、河西、酒泉，② 皆引河及川谷以溉田。而关中、灵轵、成国、湋渠引诸川。汝南、九江引淮，东海③ 引钜定，泰山下引汶水，皆穿渠为溉田，各万余顷。它小渠及陂山通道者，不可胜言也。"

上述灌溉工程的分布范围值得注意。从中可以看出，在西北方向，

---

① 班固：《汉书》，第29卷，《沟洫志》，第5页。
② 这些地区都位于甘肃、宁夏和绥远省（今内蒙古自治区南部——编者注）内黄河北部河湾沿线。
③ 即今山东省的兖州。——编者注

即今天的甘肃、宁夏和绥远三省① 出现了农垦活动，而东南方向的渭水和淮河流域也得到了开发②。毋庸置疑，这些活动为以上地区在汉朝末年的进一步发展打下了基础。

白渠和其他工程

这一时期最成功的工程当属位于关中基本经济区中心的白渠。它是在因淤塞而几乎废弃的郑国渠基础上重建的。白渠开凿于公元前95年，而郑国渠于106年前开始挖掘，6条辅渠则是16年前根据白公建议开始修建的。

白渠在谷口（今泾阳县）处从泾水引水，谷口比郑国渠的起点还要靠前。它的坡度比郑国渠大，在栎阳③注入渭河。它全长约200里，为超过4500顷的土地提供灌溉用水，为纪念提议修建该工程的白公而取名白渠。据说，为歌颂白渠带来的好处，人们欢喜、感激地唱过一首民谣，这首民谣成了经典之作，被后来的作者频频引用和提及，证明灌溉工程能让人受益。歌词如下：

---

① 汉渠在原址仍有残留。见《朔方志》，第2卷，第7页；以及欧阳缨《中华析类分省图（甲种）》，武昌，1933年，其中第35图标明了宁夏省的水渠。
② 在之前的春秋战国时期，这两个流域就已经获得了较大规模的开发。
③ 康基田：《河渠纪闻》，第3卷，第12页。

田于何所？池阳、谷口。郑国在前，白渠起后。举臿为云，决渠为雨。泾水一石，其泥数斗。且溉且粪，长我禾黍。衣食京师，亿万之口。①

上述涉及汉武帝时期治水发展的资料，大部分来自班固的《汉书·沟洫志》。司马迁的《史记》中也有类似的记述，只是不完全。在《史记·平准书》中，司马迁记录了连接首都长安和华阴的直渠，还提到了朔方的一条动用"数万人"挖掘的大水渠。这两项工程都耗费了两三年才竣工，而且"功未就，费亦各巨万十数"。②

司马迁认为，工程开支及其他类似费用造成了汉武帝时期的财政困难，由此产生了"白鹿皮币"问题③。因此，汉朝在汉武帝之后再没有修建大型水利工程——无论是由中央政府直接修建，还是由中央政府批准并监督修建。由于汉武帝之后中央政府无法提供资金修建大型水利工程，关中地区的灌溉遭到忽视，导致经济逐步衰退。

汉武帝以后的淮河与汉水流域的水利工程

在后汉武帝时期，根据地方官员的积极倡议，修建了一批值得关

---

① 班固：《汉书》，第29卷，《沟洫志》，第8页。
② 司马迁：《史记》，第30卷，《平准书》，第6页。
③ 汉武帝为解决财政困难而采取的权宜性措施，用珍贵的白鹿皮做币材，对诸侯王和宗室发行的特殊货币。——编者注

注的地方工程。重要的是，这些工程大多位于今天的河南省，集中在汉江北部支流和淮河上游。这种趋势预示着一个经济区正在形成，对衰退中的关中霸权构成挑战。公元前 38 年至公元前 34 年，南阳（河南南部）太守召信臣曾下令，在汉水北部的大支流淯水上拦河砌坝，建成钳庐陂。坝旁设有六道石门，控制供水。水库的灌溉面积达两万顷。[1]

这项工程因在中国历史上首次涉及水权管理制度而著称，召信臣也因此被称为中国水权管理之父。除了这一项历史上闻名的工程之外，大约在同一时期，在整个河南南部，还修建了大量水库和水坝。[2]《汉书》中还提到了一个水库，名字叫鸿隙大陂，它使位于河南东南与安徽西部的汝南郡富足起来。[3]

河内的防洪工程及其发展

由于中央政府忽视了关中地区的灌溉发展，有进取心的地方官员

---

[1] 班固：《汉书》，第 89 卷，《循吏传》，第 14—15 页。

[2] 康基田：《河渠纪闻》，第 3 卷，第 16 页。

[3] 根据丞相翟方进的建议，汉成帝（前 32—前 7 年）下令毁掉了这个水库，结果水库失修，引发洪灾。翟方进倒台后，曾经得益于这个水库的村民，便谴责他出于怨恨，肆意毁掉了这个水库，因为他曾请求把水库下方的良田赏赐给自己，结果遭到了拒绝。到了王莽时期（9—23 年），这里旱灾频发，因此农民仍然憎恨翟方进，还编唱民谣抨击他。

第五章 作为基本经济区的黄土地区和黄河流域中部 / 85

便在汉江的北部支流和淮河上游沿线修建灌溉工程,不过历史记录表明,在这一时期黄河下游也修建了许多防洪工程。班固《汉书·沟洫志》中很大一部分内容记载了朝廷对黄河防洪的详细讨论。[①] 其中的一些讨论,特别是贾让给皇帝的著名奏议,可以让我们对现在的河南省在当时的水利发展与农业繁荣有所了解。贾让是根据汉哀帝(前6—前1年)的命令起草的这一奏议。在奏议中,他这样描述当时河南北部的复杂防洪体系:

> ……今堤防陿者去水数百步,远者数里。近黎阳南故大金堤,从河西西北行,至西山南头,乃折东,与东山相属。民居金堤东,为庐舍,[往]十余岁更起堤,从东山南头直南与故大堤会。又内黄界中有泽,方数十里,环之有堤,往十余岁,太守以赋民,民今起庐舍其中,此臣亲所见者也。东郡白马故大堤亦复数重,民皆居其间。从黎阳北尽魏界,故大堤去河远者数十里,内亦数重,此皆前世所排也。河从河内北至黎阳为石堤,激使东抵东郡平刚;又为石堤,使西北抵黎阳、观下;又为石堤,使东北抵东郡津北;又为石堤,使西北抵魏郡昭阳;又为石堤,激使东北。百余里间,河再西三东……[②]

贾让在奏议中讲述当时河南北部与河北南部的情况,目的是说明在河道上设置多余的堤防会增加防洪的难度。然而,上述复杂堤防系

---
① 这些记载中有许多涉及防洪技术的讨论,但是不属于本书的范围。
② 班固:《汉书》,第29卷,《沟洫志》,第13—14页。

统本身也一定是全力抗洪的结果。这些工程的规模相当庞大,因为在同一奏议中,贾让指出,"今濒河十郡治堤岁费且万万"。

如果想到黄河下游的治水问题并非开凿运河的问题,而是防洪与排水的问题,那么就会轻而易举地意识到,精心修建堤防恰恰说明该地区的经济日益重要。关中地区的运河开凿遭到忽视,为了控制黄河洪水精心修建防洪工程,河南得到开发,这都表明经济政策的重心已经发生转移,说明河内(即现在的河南北部、河北南部与山东西部)到前汉(前206—25年)末年已经取代了关中,从辅助根据地跃升为主要基本经济区。

贾让的文字说明黄河堤防修建处于一种混乱状况,由此可见地方官员的努力已经不受中央有效指导的协调了。因此,似乎可以说,随着这个地区经济重要性的日益增加,地方统治者的政治势力也在增强,他们实际上(虽然不是名义上)已经多少有些不受关中中央权力的支配了。

河内与后汉[①] 的建立

刘秀是后汉(或称东汉)王朝的创立者,他明白主要基本经济区

---

① 此处后汉指东汉,而非五代时期的政权。——编者注

从关中转向河内的意义。在征服战争的关键时刻,刘秀凭借巧妙的政治谋略,一举攻取河内,拜可靠的偏将军寇恂为河内太守,同时授权他行使大将军的权力。

刘秀把河内委托给寇恂时对他说:"河内完富,吾将因是而起。昔高祖①留萧何镇关中,吾今委公以河内,坚守转运,给足军粮,率励士马,防遏它兵,勿令北渡而已。"②

刘秀跟背叛过王莽(他篡权后的在位时间是公元9—23年,把汉朝分为前汉、后汉或者说西汉、东汉)的其他竞争集团进行了短暂的武装斗争后,统一了全国,定都黄河下游的洛阳,而不是渭河流域的长安。③这一变化意义重大。关中在经济方面仍然重要,但是黄河流域下游以及汉水和淮河流域在中国历史上所起的作用注定会越来越重要。

淮河流域的两座大型水库

从公元25年到公元220年,后汉统治中国长达196年,但是其治水成就并不卓著。司马迁的《史记》和班固的《汉书》都辟有专门

---

① 刘邦,汉朝的创立者。
② 范晔:《后汉书》,第16卷,《寇恂传》,第19页。
③ 历史学家称他的王朝为东汉,而定都长安的则为西汉。

的章节讲述治水，但是范晔的《后汉书》则无法与之相提并论，不过从范晔这本著作的其他部分以及其他来源还是能找到少许内容，大致说明这一时期的治水发展趋势。

前汉末年，人们已经开始修复河南南部和淮河流域的灌溉工程。《王景传》记载，公元78年至公元83年，王景担任庐江（在今安徽省）太守期间，重修了芍陂水库，据说这个水库最早是由春秋时期（前770—前475年）的孙叔敖修建的。水库修复后，这个地区大获丰收。另外，王景还教这里的农民用犁耕地。①

公元198年，广陵（安徽省南部与江苏省北部）太守陈登建造了一座陂塘，通过从寿县（在今安徽省）向东延伸的一系列坝堰对其进行调控。这座水库蜿蜒90里，一路汇集了源自山脉的36条河流的水，这些山脉的西北面是集水区。它灌溉了1万余顷土地。② 然而，淮河流域的发展水平并不高，原因将在下一章讨论。

两汉时期的基本经济区

在两汉时期，农业生产的中心仍然位于淮河流域北部。在公元115年颁发的一份诏令中，汉安帝不经意但十分全面地列出了自己帝

---

① 范晔：《后汉书》，《王景传》，第106卷，第8页。
② 康基田：《河渠纪闻》，第4卷，第19—23页。

国中农业最发达和最富裕的地区。他诏令大臣和太守修理三辅（陕西中部）、河内（河南北部）、河东（山西南部）、上党（山西东南部）、赵国（山西中西部与河北中东部）和太原（山西中部）的旧渠和旧水道。①

换言之，汉安帝颁发的这份重要诏令，说明他特别关心国家中心地区的生产率和运输设施。虽然西汉强调关中，东汉更关注河内，但是包括泾水、渭水和汾水流域的整个地区以及黄河流域的河南、河北部分却构成了一个基本经济区，从公元前206年到公元220年的整个两汉时期，它都是主要的供应基地和政权中心。

---

① 范晔：《后汉书》，第5卷，《安帝纪》，第11页。

第六章　从黄河流域向长江流域的过渡

　　东汉结束后，中国进入三国时期（220—280 年）。三国争斗的 50 年，构成中国半封建时代的第一个持续分裂时期。这个时期与后来的分裂情况不同，后来的分裂因为蛮族的入侵而更加复杂，但是这一时期是一种典型的由社会内部力量相互斗争导致的分裂。

　　这次分裂的产生，其根本原因是几个对立经济区的崛起。这些经济区的生产率和地理位置使其成为强大的基地，有能力不断挑战控制主要基本经济区的霸主的权威。具体而言，蜀（也叫四川红色盆地）的日益强盛和长江下游吴的蓬勃发展，产生了三国时期政治上势均力敌的局面。

治水与四川

自从秦国昭襄王（前306—前251年）把他的人民从秦（陕西）迁移到蜀地（即四川）之后，蜀在中国历史上的地位便开始日益重要。[1] 人们移居蜀地后，在这里修建了一套出色的灌溉系统，为日后的繁荣富庶奠定了基础。享有这一灌溉系统之父荣誉的是秦的蜀郡太守李冰，他的贡献被中国史学家视为千秋功业。

该灌溉系统的核心工程是灌县的都江堰，它把岷江分成了两条主要河道，每条河道又分成很多小渠道。[2] 开凿这些渠道主要是为了运输，但是竣工之后，也广泛用于灌溉。"溉田畴之渠，以亿万计。"[3] 因此，成都平原号称"陆海"。[4]

都江堰和渠道给人们带来的利益并非只是航运和灌溉。元朝的一块石碑上明确地刻着："缘渠所置碓、硙、纺、织之处，以千万数，四时流转而无穷。"[5]

---

[1] 班固：《后汉书》，第39卷，第2页。
[2] 《四川通志》，第1卷，第11—13页地图。
[3] 康基田：《河渠纪闻》，第2卷，第32—33页。
[4] 康基田：《河渠纪闻》，第2卷，第32—33页。
[5] "元揭傒斯蜀堰碑"，《四川通志》，第13卷，第27页。

都江堰全景 李冰父子修建的都江堰是四川成为天府之国的重要原因。

成都平原之所以肥沃富饶,经济自足,都归功于这一水利系统,这样说并不夸张。西汉末年,四川已经非常富足,因此从公元25年至公元36年统治此地的军事首领公孙述,才能够比其他敌对势力更长期地与想一统天下的刘秀抗衡。三国时期,成都平原成为蜀汉(221—263年)的根据地,蜀汉借此与中国中北部的敌人相持近50年。

汉朝时期长江流域的原始状态

长江下游流域就是人们常说的楚越,司马迁曾经这样描述:

> 地广人稀,饭稻羹鱼,或火耕而水耨,[①]果隋蠃蛤,不待贾而足,地势饶食,无饥馑之患,以故訾窳偷生,无积聚而多贫。是故江淮以南,无冻饿之人,亦无千金之家。[②]

这段不同寻常的文字几乎提供了评判一个地区经济发展状况的所有重要事实;它清楚地说明,汉朝时期的长江流域,人烟稀少,属于商业经济,农业很原始,没有货物交换,也几乎没有阶级分化的迹象。

柳诒徵教授的研究表明,在东汉时期的湖北省黄州和德安附近地区,甚至在安徽的一些地方,都有许多"南蛮",这个词的意思是原

---

① 汉武帝在一份诏令中提到过江南(长江以南)的这种耕作形式。见司马迁:《史记》,第30卷,第15页。这里指的是一种原始农业形式,通过火烧地表植物、浇灌土地,随后进行播种,开垦处女地。安南的一些地方还流行这种耕种方式。

② 司马迁:《史记》,《货殖列传》,第129卷,第9页。

始民族。① 甚至到了三国时期，在武陵（湖南省常德）的许多县还居住着"蛮人"。② 孙权创立了三国的吴国（222—280年），他曾强迫国内的蛮人当兵，弥补人少造成的兵源匮乏。③

不过，有许多人从北方来此定居，带来了先进农业文明的所有设备，能够充分利用长江流域独一无二的天然肥沃土壤，建立一个由孙权掌控的独立王国。此后，孙权迫使黄河流域和成都平原的两个国家平等对待自己的新国家。

治水是三足鼎立的武器

毫无疑问，军事战役是三国时期三国斗争中最引人注目的事情。但是，在军事前线后方，特别是在蜀汉和魏国，为提高农业生产率和发展水运投入了大量精力，这被视为增强军事力量的一种手段。

吴国的主要问题是缺乏人力，无法开发周边的天然肥沃土地。然而，根据历史记载，公元226年，吴王为了扩大耕种面积，消除粮食不足给国家造成的危险，颁布诏令建立军屯区。④ 公元245年，已

---

① 柳诒徵：《中国文化史》，第1卷，南京，1932年，第388页。
② 陈寿：《三国志》，第3部分，《吴书》，第2卷，第9页。
③ 刘可毅：《九通通》，第19卷，第13页。
④ 陈寿：《三国志》，《吴书》，第2卷，《孙权传》，第16—17页。

经称帝的孙权派遣校尉陈勋率领 3 万士兵和工匠，开凿了句容运河，把小其和云阳（今江苏省丹阳县）两地连接起来，为了灌溉稻田，还在丹阳附近修建了赤山湖。

公元 234 年，蜀汉名相诸葛亮意欲征服黄河流域，结果遭到司马懿率领的魏军的阻挡，由于担心来自四川基地的粮食供应被切断，便在渭水流域南岸建立了军屯区。[1] 记载中没有明确提到水利工程，但是考虑到该地区的农业条件，可以肯定地说，在军屯区发展灌溉是必须的。

在魏国，广泛实施了军屯田与灌溉，这两者之间的关系在记载中也十分明确。另外，水运路线的扩建和改良也得到了密切关注。由于显而易见的原因，这两项工程都集中在淮河流域。芍陂、茹陂、七门堰和吴塘的堰坝都是扬州刺史刘馥应曹操之命修复的。[2] 公元204年，曹操疏浚了汴渠，开凿了濉渠，把汴渠与淮河流域连接起来；同时，还筑坝拦截淇水（位于河南北部），将水引入白沟，把山东的粮食产品运往河南的领地中心。[3] 这一时期，曹操正实施一项庞大的计划，进行军屯、储粮，发展水路交通。[4] 公元 204 年淮河与黄河流域的连

---

[1]　陈寿：《三国志》，《蜀书》，第 5 卷，《诸葛亮传》，第 14 页。
[2]　房乔等：《晋书》，第 26 卷，《食货志》，第 6—7 页。根据康基田的说法，为了军屯，曹操下令修复了芍陂。见《河渠纪闻》，第 4 卷，第 25—26 页。
[3]　康基田：《河渠纪闻》，第 4 卷，第 24 页。
[4]　康基田：《河渠纪闻》，第 4 卷，第 24—25 页。

接大获成功后,翌年又开凿了平虏渠和泉州渠:前者位于河北省中西部,将滹沱河水引入沙河;后者位于山西省中部,通过它可以利用潞河水进行运输。曹操能够战胜北方的乌桓人,主要是因为开凿了这两条备战用的运河。① 公元219年,河南省开凿了阳渠,连接洛河与汴渠,用来运输漕粮。② 公元233年,开凿了一条从陈仓(陕西省宝鸡县)到槐里(陕西省兴平县)的成国渠。大约在同一时期,人们引汧河与洛河的水建成临晋陂,灌溉大约3000顷盐碱地。③

正如康基田所指出的,④ 这些工程肯定是在魏国大将司马懿的倡议或者监督下修建的。修建工程的同时,他也在保卫魏国,抵御诸葛亮率领的蜀军入侵。司马懿惧怕诸葛亮的军事天才,但是他也明白,蜀军的主要弱点是相对薄弱的经济基础。因此,他不动刀枪,拒绝与敌军直接交战,而是通过锹、犁、灌溉水渠和水库与他们打仗,目的是把他们饿跑。诸葛亮对司马懿百般侮辱,想刺激他开战,但是均遭失败,于是只好采用同一种看似不妥却高效的武器——在渭河南岸组织军屯区。因此,蜀魏两国之间的战争演变成了经济实力和耐力的竞争,司马懿由此避开了蜀军的攻击力量,让蜀军处于极为不利的地位,

---

① 这两条运河在唐代和明代都发挥过重大作用。康基田:《河渠纪闻》,第4卷,第25页。
② 范晔:《后汉书》,第65卷,《张纯传》,第2—3页。
③ 房乔等:《晋书》,第26卷,《食货志》,第8页。
④ 康基田:《河渠纪闻》,第4卷,第30—31页。

为最终征服和消灭蜀汉奠定了基础。

魏国的策略很明智,在一个时间只面对一个敌人,即在全力征服蜀汉期间与吴国保持和平与友好关系。这种政治和好,甚至在发展灌溉方面也能看到。历史记载,魏国豫州(位于河南省)刺史贾逵得到了吴国的合作,并借助打仗用的工具,在汝河(位于河南南部与安徽北部)上筑起了一座水坝,修建了一座名叫新陂的水库,挖掘了一条 300 多里长的运河。这条运河是魏吴两国友谊的见证,被命名为贾侯渠。①

不过,魏国和吴国合作的时间很短。甚至在尚未彻底征服蜀汉之际,魏国便开始强化经济基础,为征服吴国做准备。公元 241 年,魏国开始在淮河流域建立军屯区;大幅增加耕地、开凿渠道、促进运输;还储备了大量粮食。②

公元 243 年,魏军开始征讨吴国,在司马懿指挥下,烧掉了吴将诸葛恪储备的粮食,并且打败了他。司马懿计划进一步加强经济储备,扩大耕地面积,存储更多粮食,为将来的征服之战做好准备。他下令把自己的得力干将邓艾将军调往从陈(今河南淮阳县)和项(今河南项城县)两地西部到寿春(今安徽寿县)的地区。邓将军清楚,虽然这一地区土质好,但是因为缺水无法充分发挥它的优势,所以他提出挖掘一条河渠,用于灌溉和运输。司马懿批准了他的建议。从钟

---

① 房乔等:《晋书》,《食货志》,第 7 页。
② 康基田:《河渠纪闻》,第 4 卷,第 28—29 页。

离（今安徽省淮河南岸凤阳县）到沘水（在正阳关流入淮河）400多里的淮河河岸上，每隔5里设一个军屯营，每个营60人。士兵既要耕种土地，也要守卫领土；他们还要修复和拓宽淮阳和百尺两条河渠。这样，黄河水就从北面流入颍水、淮水沿线的蓄水库。在颍水南北两侧，挖掘了300多里长的河渠，浇灌大约两万顷土地。

于是，"淮南、淮北皆相连接。自寿春到京师，农官兵田，鸡犬之声，阡陌相属。每东南有事，大军出征，汛舟而下，达于江淮，资食有储，而无水害"。[①]

这一灌溉系统的建立，极大地促进了淮河流域的农业发展。这表明，为了军事斗争，努力提高农业生产率的竞争进入白热化。[②] 魏国增加了一个富饶多产的地区，实力更为强大，三国之间的力量均势被打破，中国再次获得统一。

重要古战场淮河流域

淮河流域的军事重要性，一方面推动了这些重大水利工程的发展，另一方面却妨碍了人们享受其发展成果。它对长江淮河之间整个

[①] 房乔等：《晋书》，第26卷，《食货志》，第8页。
[②] "黄初（221—226年）以后迄晋，当时能臣皆以通渠积谷为备武之道。"见康基田：《河渠纪闻》，第4卷，第27页。

地区的经济发展构成了一种几近"永恒"的障碍——尽管这里沃土千里,富足一时。

历史记载,"三国时,江淮为战争之地,其间不居者各数百里。……吴平,民各还本"。① 这表明,上面提到的这一时期淮河流域的主要工程,不仅是为了军事目的而修建,而且需要军事力量进行维护,因此容易发生迅速变化,遭到肆意破坏,这也是所有军用之物的特点。

不幸的是,淮河流域的军事重要性并非仅仅限于三国时期。几乎自秦(前221—前206年)之后的整个中国历史,淮河流域一直是南北方的战场,即使在战争间隙也一直由军屯士兵镇守。

> 晋及六朝,俱屯守淮阴,修塘堰,备储糒。祖逖以三千军屯淮阴。……谢玄先屯淮阴,次屯邳、徐;兵食足,而后能接肥水,以入洛阳。晋之平吴,亦屯田江北。……明漕府仓司,并设于淮。②

不同的作者和官员都解释过淮河流域的军事重要性,这些解释都很有启发。晋朝(265—420年)官员荀羡(321—358年)说:"淮阴旧镇,地形都要,水陆交通,易以观衅,沃野有开殖之资,方舟有运漕之利。"③

宋朝(960—1280年)的官员和学者徐宗偃甚至更明确地说:"山

---

① 沈约:《宋书》(南北朝的宋朝),第35卷,《州郡志》,第7—8页。
② 康基田:《河渠纪闻》,第4卷,第45页。
③ 顾祖禹:《读史方舆纪要》,第22卷,1774年,第2页。

阳，南北必争之地也。我① 得之，可以进取山东；敌若得之，淮南不能以朝夕固矣。"②

元朝的董搏霄也说："淮安，南北噤喉，江浙（江苏、安徽和浙江）衡要。其地一失，两淮皆未易保。今岁漕数百万，咸取道于淮安。哽咽或生，则京师有立槁之虑。故特设重臣，置屯军，以经略之。"③

宋朝官员陈敏曾经解释过这种战略意义的秘密："长淮二千余里，河道通北方者凡五，曰颍、曰蔡、曰涡、曰汴、曰泗；而通南方者，唯楚州运河一处。"④

因此，淮河流域，因其地理位置，注定成为南北方的交通要道和军屯与内战的中心。在这种情况下，大型灌溉工程容易荒废，持续性的建设发展也不可能。淮河流域，既然被送上战神的祭坛，只要人们的努力无法改变其尴尬的地位，它就不可能成为基本经济区。

晋朝时期长江流域的移民

三国之后，西晋（265—317年）统一中国，但是这种局面没有

---

① 指的是南宋（1127—1280年）。
② 顾祖禹：《读史方舆纪要》，第22卷，第2页。
③ 顾祖禹：《读史方舆纪要》，第22卷，第3页。
④ 顾祖禹：《读史方舆纪要》，第22卷，第3页，淮安在宋朝时称为楚州。

淮安古城　淮安是南北之间的要道,也是军屯和内战的中心,纵有沃野千里,也无法发展成为基本经济区。

持续多久。西晋建立后不到50年,面对北方农民起义的胜利,皇帝不得不退到了江南地区。其中的一些农民是来自现在中国土耳其斯坦和蒙古的"胡人"的后裔,他们在几个世纪之前就在长城以南定居。[①] 这一时期标志着西晋向东晋(317—420年)的过渡。西晋维持了48年,在此期间,史书只记载了两项灌溉工程:一项是公元274年,在淮河流域修复了3条河渠,灌溉1500顷土地[②];另一项是公元280年,沿湮水和渄水(在河南省)开辟的1万余顷水浇地。

从西晋到东晋,一直到公元589年隋朝再次统一中国之前这段时间发生的种种事件,在中国的社会经济史上引发了巨大变化。"胡人"移民的起义以及心怀不满的汉族农民的叛乱,把大量位居社会上层的汉人及其追随者驱赶到了长江以南。这些胡人大多是在汉人"士族"地主的土地上劳动的农奴。"胡人"在汉人北方家园上创立的王朝延续了超过一代人的时间后,到了东晋末年汉人其实已经放弃了收复北方领土的希望,那些在长江流域下游逃难的汉人也准备在此长期定居。

《宋书》(此处是指公元420—479年的一个次要朝代)这样讲述淮南地区的移民:"其后中原乱,胡寇屡南侵,淮南民多南渡。成帝初,

---

[①] 埃尔斯沃斯·亨廷顿(Ellsworth Huntington)教授犯了个历史性错误,他认为在中国生活了几个世纪的"胡人"移民起义是新的侵略。亨廷顿:《种族的特点》(*The Character of Races*),纽约,1924年,第182—183页。
[②] 康基田:《河渠纪闻》,第4卷,第37—38页。

苏峻、祖约为乱于江淮,① 胡寇又大至,民南渡江者转多。"②

这些移民以及其他移民面临的状况,《隋书》中的文字说得清清楚楚:

> 晋自中原丧乱,元帝寓居江左,③ 百姓之自拔南奔者,并谓之侨人。皆取旧壤之名,侨立郡县,往往散居,无有土著。而江南之俗,火耕水耨,土地卑湿,无有蓄积之资。……又岭外④ 酋帅,因生口翡翠明珠犀象之饶,雄于乡曲者,朝廷多因而署之,以收其利。历宋、齐、梁、陈,皆因而不改。⑤

拿这段记载与前文引用的对三国时期吴国的研究进行比较,会发现非常有趣。很容易看出,长江流域的移民过程进展缓慢,尽管吴国当权者做出了努力,但是长江流域仍然人烟稀少,总体上非常原始。北方仍然是中国的心脏,但是这里发生的剧烈社会动荡产生的外来刺激,加上种族和文化的冲突,有力地驱使着汉人迁往南方,开发南方。

在中国人的历史上,移民的推动力从来没有像现在这么巨大,也从来没有像现在这样势在必行。下文会看到,移民的结果就是肥沃的长江流域开始进入迅速发展时期,最终会成为中国的基本经济区,取

---

① 淮河与长江之间的地区。
② 沈约:《宋书》,第35卷,《州郡志》,第8页。
③ 意思是东方,指长江以南的长江流域下游。
④ 南岭,是广东省与华中地区的分界线。
⑤ 魏徵等:《隋书》,第24卷,《食货志》,第3页。

代泾渭流域和黄河流域下游。这使得中国文化发生了急剧变化，中华文明在唐朝进入鼎盛时期。

南朝时期江苏的治水工程

在人口南迁之初，晋朝内史张闿于公元321年修建了曲阿新丰塘，灌溉土地800顷。同年，陈敏挖掘了练湖。两者都位于今天江苏省镇江地区附近，距离长江南岸不远。练湖水库意义重大，兼有灌溉和济运双重目的，几乎后来的每个朝代都对它进行过修缮。在唐朝，若无官方许可，擅自挖开练湖堤岸者以死刑论处。[1]

晋朝之后南朝的宋、齐、梁、陈四个朝代，继续努力改善江南农业生产的条件。宋明帝执政时期（465—472年），下令挖掘了赤山塘。[2] 公元494—497年间，齐朝的一位大臣修建了长冈埭。[3] 齐朝的另一位官员上书皇帝，在丹阳及周边县开辟废地和新地8554顷。他估计，要建成必需的坝塘，需要11.8万人工作一个春天。可惜这项计划未能完成，因为主管本工程的官员接到命令另任他职了。[4]

---

[1] 《江南通志》，第64卷，《河渠志》，第22—27页。
[2] 《江南通志》，第63卷，第1页。公元445年，阳湖治理后，数百顷好地成为多产田。两年后，临津渠也得到了治理。
[3] 《江南通志》，第64卷，第22页。
[4] 《江南通志》，第66卷，第8页。

梁朝时期，公元510年建成了谢塘；① 公元528年，皇帝颁发诏书，命令一位官员通过大渎，改善粮食运输；② 公元535年，在濬溪（今名梁溪）上修筑了堤防。③

陈朝时期，整修了破冈渎。④ 这些水利工程都位于江苏省南部，后来这里的治水发展达到了中国的最高水平。

京杭大运河的滥觞

东晋时期开发水道，主要是基于军事目的。公元345—361年晋穆帝在位期间，为了发动一场战役，攻打占据汴城（开封）的慕容兰，晋朝的一位官员下令修建了一条运河，通过汶水的支流洸水，把汶水引至位于今天山东省阳谷县的东阿。⑤ 大约在同一时间，曾经挖掘练湖的陈敏，又开了一条山阳运道（或称山阳水道），从射阳（靠近射阳湖）通往末口（靠近苏北淮安）。从此，这条曾经迂回绕路、连接淮河与长江的大通道，第一次成为一条直线。

---

① 《江南通志》，第64卷，第22页。
② 《江南通志》，第63卷，第4页。
③ 《江南通志》，第64卷，第14页。
④ 《江南通志》，第63卷，第1页。
⑤ 康基田：《河渠纪闻》，第4卷，第40页。

后来，这两条运河都成了京杭大运河的组成部分，因此地位非常重要。而京杭大运河将在中国历史上发挥重大作用，成为唐、宋、元、明、清各个时期连接北方政治权力中心和南方新兴基本经济区之间的重要纽带。

第七章　长江流域的经济统治地位

东晋（317—420年）和南朝（420—589年）时期，长江流域作为生产中心日益重要，自唐朝（618—907年）之后，就确定无疑地获得了基本经济区的地位。不过，就政治而言，重心仍在北方。北方边境游牧部落入侵的不断威胁，强化了北方各省的战略重要性。① 尽管基本经济区在向南方转移，但是由于传统与政治惰性，从隋朝（589—618年）到清朝（1644—1911年），朝廷还是选择定都北方。

---

① 由于元（蒙古族）和清（满族）朝本身就源于"胡人"，这种因素自然就没有那么重要了。

这种情况是反常的，因此必须发展、维持一个运输系统，把多产的南方跟作为政治中心的北方连接起来，而起这一连接作用的就是大运河。千百年来，大运河得到了中国最杰出人士的关注，改建和维护动用了千百万劳动力，耗费了大量国家资金。它的历史与灌溉、防洪和开拓生产区的整个历史密切相关，必须作为整个过程不可或缺的一部分进行研究。

隋朝大运河的历史

传统观点认为，大运河的修建源自隋炀帝（605—618年在位）的才华和奢侈，但是它并不是在一个时期内建成，也不是由一位皇帝完成的。跟长城一样，大运河是在不同时期分段修建的。隋炀帝把南北向的不同水道贯通起来，成为一个相互连通的系统，并且在南方和北方都添加了很长的水道，才建成了这条大运河。

建成后的大运河从长安（或大兴城）出发，利用渭水与汴河的河道，穿过河南省，到达淮安，然后向南到江都（扬州）和瓜洲，从这里穿过长江，最后到达杭州。大运河的另一段从沁水枝分，最后到达现在北平附近的涿郡。沁水是黄河流经河南北部与山西南部的一条支流。隋朝大运河比现在的京杭大运河要长得多，这条交通干线既是南北向的，也是东西向的。它由五个明显不同的部分组成。

要研究这条运河的发展过程,最好考察一下它不同河段的历史。历史最悠久的河段是连接黄河和淮河的汴渠。古运河鸿沟的最初修建时间并不清楚,但是肯定早于春秋时期(前770—前475年)[1]。战国时期(前475—前221年)的外交家和政治家苏秦曾经提到过它。司马迁特别指出,在大禹时代之后,"荥阳下引河东南为鸿沟,以通宋、郑、陈、蔡、曹、卫,与济、汝、淮、泗会"。[2]

西晋(265—317年)时期,王濬(206—285年)征讨吴国时,晋朝名将杜预(222—284年)在写给王濬的信中说,他的军队从长江流域凯旋时,将取道汴渠前往首都洛阳。清朝的历史地理学权威胡渭(1633—1714年)评价过王濬率领的军队,说他们壮观的舟师,古今绝伦,如果他们能通过汴渠班师,则"汴水之大小,当不减于今;又足以见秦、汉、魏、晋皆有此水道,非炀帝创开也"。[3]

然而,旧水路与隋炀帝运河的路线不同。日本学者青山定男的精心研究表明,隋朝之前的大运河始于杞县附近的开封东部,向东经过徐州,通过泗水进入淮河;隋运河,也称"通济渠",路线则更短,更为直接。它始于洛阳附近的西苑,引洛水、谷水入黄河;然后,从板渚(在今河南省汜水县)引黄河水,沿着自己的渠道东流,在杞县附近靠近开封东边,沿着旧运河河道向南,不经泗水直接在泗州进入

---

[1] 胡渭:《禹贡锥指》,第5卷,1705年,第34页。
[2] 司马迁:《史记》,第29卷,《河渠书》,第2页。
[3] 胡渭:《禹贡锥指》,第5卷,第33页。

淮河。

青山定男的结论与中国著名学者顾祖禹（1624—1680年）一致，顾祖禹是名著《读史方舆纪要》的作者。青山定男的结论证明《元和郡县图志》、《太平御览》和《资治通鉴》中关于通济渠的说法是错误的，[1] 都把老路线当成了新路线。相比之下，像魏徵《隋书》的《炀帝纪》和《食货志》以及《通典》所描述的不经泗水、直接入淮的那条更短的水道是正确的。

汴渠或者通济渠，也称御河，建于公元605年。该工程动用了黄河以南和淮河以北县府的100多万男女。[2] 在运河沿岸，修建了一条御道，路边栽上了柳树。[3] 这条运河不仅把黄河、淮河的航运设施连成一个系统，而且把两条河的支流编织成了一个水路网络，这个网络覆盖了中国北部平原的一部分，具有重要历史意义。汴渠在中国历史上的经济意义和军事意义，无须夸大其词。

大运河的第二段，在隋朝时称为山阳渎，始于淮河岸边淮安附近的末口，向南流入江都（扬州），把淮河和长江连接起来。古运河邗沟是公元前483年由吴王夫差（前495—前473年在位）挖掘的。[4] 最

---

[1] 青山定男：《唐宋汴河考》，载《东方学报》（东京），第2期（1931年12月），第1—49页，用地图标出了隋朝以前和以后的运河的各自路线。
[2] 魏徵：《隋书》，第3卷，《炀帝纪》，第5页。
[3] 魏徵：《隋书》，第24卷，《食货志》，第17页。
[4] 《左传》，第58卷，第21页。

无锡古运河 大运河将首都与江南联系起来,促使江南发展成为基本经济区。在唐朝,江南的田赋一度达到全国田赋的 9/10。

初的河道位于现在河道的东侧,蜿蜒曲折穿过一系列湖泊,特别是射阳湖,因此不仅危险,而且还绕路。

在晋穆帝时期(345—361年),官员陈敏在原运河路线的西侧,挖掘了一条从射阳到末口的运河,运河减少了一些弯路,缩短了距离。这条运河被称为山阳运道或山阳水道。

到了隋朝,这条运河发生淤堵,但是河道仍可分辨。① 公元587年,隋朝的缔造者隋文帝修复了这条运河,以"通运漕"。② 公元605年,隋文帝的儿子隋炀帝也下令改良这条运河,为此动用了淮河以南地区的十多万居民。"自山阳至于扬子入江,水面阔四十步。③ 两岸为大道,种榆柳。自东都洛阳至江都二千余里,树荫相交。每两驿置一宫。自京师至江都,离宫四十余所。"④

山阳渎长300余里。⑤ 它穿越中国南方北方的分界地带,重要意义不言而喻。这片被穿越的地带是中国南北方的主战场。在铁路改变这种局面之前的若干个世纪里,保卫这段运河北部起点淮安城的伟大战略意义,已经多次被历史所证明,这也清楚地说明了山阳渎的重要地位。

---

① 柳诒徵:《中国文化史》,第2卷,第4页。
② **魏徵**:《隋书》,第1卷,《文帝纪》,第24页。
③ 已经建造了"龙舟"。
④ 刘义庆:《大业杂记》,第1页。本书写于南宋时期,曾经收入《唐宋丛书》。本书中的记载比司马光的《资治通鉴》更为详细。
⑤ 柳诒徵:《中国文化史》,第2卷,第3页。

大运河的第三段是江南河,由隋炀帝在公元610年下令开凿。江南河"自京口(今江苏镇江)至余杭郡(今浙江杭州),八百余里,水面阔十余丈"。① 这段运河位于大运河的南端,隋炀帝及后来者凭借它,才得以在若干世纪内开发中国东南沿海的财富。

上文讨论的三段运河始于洛阳,终于杭州。洛阳是隋炀帝建造的陪都,又称东都。它通过黄河和渭水与首都长安相连,但是"渭水多沙,流乍深乍浅",② 航运受阻。挖了一条运河,这一问题便迎刃而解,而且渭河的水正好用于航运。修建这条运河的诏令完整地保存了下来,内容非常有趣:

> 京邑所居,五方辐凑,重关四塞,水陆艰难。大河之流,波澜东注,百川海渎,万里交通。虽三门之下,或有危虑,但发自小平,陆运至陕,还从河水,入于渭川,兼及上流,控引汾、晋,舟车来去,为益殊广。而渭川水力,大小无常,流浅沙深,即成阻阂。计其途路,数百而已。动移气序,不能往复,泛舟之役,人亦劳止。

> 朕君临区宇,兴利除害,公私之弊,情甚愍之,故东发潼关,西引渭水,因藉人力,开通漕渠,量事计功,易可成就。已令工匠,巡历渠道,观地理之宜,审终久之义,一得开凿,万代无毁。可使官及私家,方舟巨舫,晨昏漕运。沿泝不停,旬日之功,堪

---

① 刘义庆:《大业杂记》,第14页。
② 魏徵:《隋书》,第46卷,《苏孝慈传》,第11页。

省亿万。诚知时当炎暑，动致殷勤，然不有暂劳，安能永逸。宣告人庶，知朕意焉。①

另一条运河长 300 里，从长安通往潼关，称为广通渠。② 这条运河建成之后，长安与杭州之间就建立了直接水路联系。

大运河的第五段从沁水枝分，向北流向涿郡（河北北部涿县）。沁水是河南北部和山西南部的一条黄河支流。"诏发河北诸郡男女百余万，开永济渠"。③ 司马光（1019—1086 年）提到这件事时补充说："丁男不供，始役妇人。"④ 公元 608 年，这条运河竣工，称为永济渠。它把海河流域（河北省）和黄河流域中部、长江流域和钱塘江流域直接连接了起来，提供了一条从杭州直通现在北平城附近的水路。

隋唐宋三朝的水路系统

从整体上考察隋朝大运河的五个河段时，有一点需要注意：除了从杭州到淮安的两个河段之外，大运河淮安以北的路线与目前的路线

---

① 魏徵：《隋书》，第 2 卷，《食货志》，第 14 页。
② 前文提到，根据郑当时的建议，汉武帝下令开凿过一条类似的运河，目的是消除渭河的航行困难，将 6 个月的旅程缩短到 3 个月。汉渠的长度也是 300 里。没有资料显示隋渠是沿着汉渠挖掘的，但是根据情况判断，两条运河似乎路线相似。
③ 魏徵：《隋书》，第 3 卷，《炀帝纪》，第 11 页。
④ 司马光：《资治通鉴》，第 181 卷，第 1 页。

截然不同。这两部分为今天的大运河或多或少地打下了基础。但是，今天的大运河主要是元朝（1271—1368年）的功劳。在中国历史上，元朝第一个定都北平（或称北京）。唐朝（618—907年）和北宋（960—1127年）时期，人们经常修复隋运河，在有些地方还进行了改良；但是，从整体上看，这一运河系统直到元朝仍然没多少变化，因此可以顺理成章地称为隋、唐、宋三朝的人工水路系统。

大型公共工程建设在中国受冷遇的原因

隋炀帝的奢侈和残酷在中国历史上臭名昭著，为了说明他的这两种残暴特性，人们经常引用大运河作为典型的例子。然而，这些历史事实经常被历史学家利用，他们认为自己虽然费力不讨好，但是有责任告诫统治者不要成为暴君，应当以此为道德教训。中国历史学家从道义角度看待大运河，妨碍了他们理解隋炀帝罪恶与成就的政治意义。

必须认识到，尽管严格的等级制度在中国已经消失，但是坦率地讲，中国仍然以阶级统治理论为基础，而阶级统治则意味着剩余资源的集中，常常需要从人民手中榨取大量生活必需品，作为维护政权的手段，满足统治集团的穷奢极欲。资源的集中需要修建运河，修建运河反转来又需要进一步集中资源，这肯定会导致苛捐杂税和残酷的大规模劳役。

运河竣工后，便利的运输系统自然刺激了统治集团的消费习惯，让他们更加挥霍无度。发展公共工程，却导致剥削加剧，民众更加痛苦，这两者之间的必然联系解释了汉武帝和隋炀帝不得人心的原因。这两位皇帝虽然积极进取，发展公共工程成绩斐然，开凿了运河，促进了灌溉，但是其中一位却导致了民众不满和财政灾难，另一位则丢掉了帝国。

如果汉武帝没有及时收手，宣布"罪己诏"和紧缩开支的计划，西汉的统治很可能提前 100 年就结束了。另一方面，正如一位睿智的中国评论家所言，隋炀帝"此举，为其国促数年之祚，而为后世开万世之利，可谓不仁而有功者"。① 必须说明的是，中国半封建时期，政府所有的不朽成就，几乎都伴随着统治者的残酷无情，都会让民众苦不堪言。

修建大运河等大型公共工程需要大规模动员劳动力。当时，没有发达的货币经济，没有自由劳动力市场，这意味着需要借助国家权威来召集和约束强征的丁夫。在半封建阶级社会的背景下，这样做就必须冷酷无情，而且工程规模越大，就越冷酷无情。大运河工程规模庞大，其残酷程度也遭到了夸大，引起了历史学家的特别关注。汴渠是隋朝大运河最长的一段，一位佚名作家在《开河记》中对修建这段运

---

① 于慎行：《笔麈》（明朝的一本书，共 18 卷），引自傅泽洪，《行水金鉴》，第 92 卷，第 16 页。

河的劳动条件进行过详细描述，下面是一些有趣的段落：

> 诏发天下丁夫，男十五以上、五十以下者皆至。如有隐匿者斩三族……丁夫计三百六十万人。乃更五家出一人，或老、或幼、或妇人等，供馈饮食，又令少年骁卒五万人，各执杖为吏，如节级队长之类。共五百四十三万余人……

> 乃隋大业五年（609年）八月上旬建功，畚锸既集，东西横布数千里。及开汴梁盈灌口，点检丁夫，约折二百五十万人；其部役兵士旧五万人，折二万三千人。

> 功既毕……帝自洛阳迁驾大梁，诏江淮诸州，造大船五百只。使命至，急如星火。民间有配著造船一只者，家产破用皆尽。犹有不足，枷项笞背，然后鬻货男女，以供官用。龙舟既成，泛江沿淮而下。至大梁，又别加修饰。舳舻相继，连接千里。自大梁至淮口，联绵不绝。锦帆过处香闻百里。①

上文引自《开河记》，但是清朝《四库总目提要》斥其"词尤鄙俚"，来源不可靠，是虚构的历史。尽管细节也许欠准确，但是它描述的劳役的残酷性在中国文献中却是司空见惯。即使它对劳役情况描述得含糊不清，但是它让我们对中国半封建时期公共工程建设的残酷和不得人心有了更清楚的认识。

---

① 《开河记》，引自傅泽洪：《行水金鉴》，第92卷，第14—15页。

唐朝对江南的依赖

尽管开凿大运河肯定让民众苦不堪言,但是它把中国的两个主要地区连接了起来。借助它,首都才能够有效开发肥沃的长江流域的资源。长江流域跟首都水路连通后,马上就获得了一种迅猛发展的新动力。由于巨大潜力得到释放,长江流域很快成为首都漕粮的主要生产区,获得了基本经济区的地位。《新唐书》中这样说:

> 唐都长安,而关中号称沃野,然其土地狭,所出不足以给京师,备水旱,故常转漕东南之粟。①

首都对南方的依赖越来越大,到了大作家韩愈时代,令人吃惊的是,江南②的田赋已经达到全国田赋总数的9/10。③

因此,漕运任务日益加重,不足为奇。从裴耀卿(681—743年)为漕运作出贡献开始,通常就寄希望朝廷大臣负责处理漕运事务。④像刘晏(715—785年)等杰出的唐朝官员,都以漕运成就而著称。

如果拿唐朝(618—907年)跟汉朝进行比较,我们马上就会清楚:汉朝(前206—220年)主要是努力解决黄河流域的运输问题,而唐朝官员面临的则是新的技术、社会和管理问题,而这些问题的解决正

---

① 欧阳修:《新唐书》,第53卷,《食货志》,第1页。
② 在唐朝,江南包括现在的江苏、浙江、江西和安徽省。
③ 《历史年鉴》,第4卷,第95页。
④ 欧阳修:《新唐书》,第53卷,第3页。

是唐朝对中国历史最重要的贡献之一。隋朝的皇帝开凿了运河,但是隋朝持续的时间太短,没有解决运输的其他问题。为中国南北漕运系统打下基础的,是随后的唐朝。裴耀卿从公元735年左右主管漕运的3年间,共运输了700万石租米。[1] 这一运输体系规模之大,不难想象。

运输问题不仅涉及运输服务,而且还涉及水路的维护和改善。这两项任务都由唐朝官员统一处理。开元十九年(731年),裴耀卿建议在今河南省的河口和巩县建立粮仓,目的是让"江南之舟不入洛口"。[2] 他还建议利用水道沿线的6个粮仓促进运输,水道可行则开船,水浅则将粮食储存,避免损失。[3]

两年之后,即公元733年,裴耀卿的建议被采纳,在汴渠与黄河交接的河阴县设立了一座粮仓。在山西南部边境沿黄河河道,也修建了两座粮仓,"三门"两边各有一座。"三门"是黄河河床中的岩石,给航运造成很大危险。利用这两座粮仓,船只可以在三门东边卸货,经过18里的陆运,储存在另一座粮仓,等待另一船队继续运输,这样便绕开了数个世纪以来充满凶险、令人恐怖的三门。[4] 同年,润州刺史齐澣开挖了伊娄河,把扬子县到瓜州的距离从60里减少到25里。[5]

---

[1] 欧阳修:《新唐书》,第53卷,第2页。
[2] 欧阳修:《新唐书》,第53卷,第2页。
[3] 欧阳修:《新唐书》,第53卷,第2页。
[4] 欧阳修:《新唐书》,第53卷,第2页。
[5] 康基田:《河渠纪闻》,第5卷,第25页。

这些改进工程让刘晏的成就达到顶点。公元764年，他被任命为江淮转运使后，疏浚了淤堵的汴渠，采纳并改进了前任裴耀卿提出的体系。他还建造了特殊的船只，以适应运河各段的不同状况和运输能力。江船可达扬州，汴船可抵河阴，河船可到渭河口。最后，渭船把货物运至首都的最大粮仓——太仓。沿河道和运河还设立了转运仓库，方便更换船只，航行状况糟糕时也可在此等候。

结果证明，刘晏的漕转制度既安全又有效，借助这一成就和自己的管理才华，他创造了连续任职30多年的纪录，这在当时是一项了不起的成就。这一制度经过刘晏的努力日臻完善，因此"后来者皆守"。①

唐朝治水工程的兴起

第三章的数据表明，到了唐朝，灌溉活动在除河南外的所有省份都突然活跃起来。再像前面一样列举出修建的所有主要工程，实属多此一举。古代灌溉和运输工程数量较少，但是对于塑造该系统的发展历程，却具有更大的历史意义；因此，前文分别列举了不同工程，讲述了其中一些工程的修建情况。很多唐朝的工程都是老工程系统的重建。然而，新工程也不少见，特别是在南方，但是对本书的研究目的

---

① 康基田：《河渠纪闻》，第5卷，第26页。

而言,不需要逐一详细探讨。

唐朝工程的历史有一个特点值得特别关注:清朝大学者顾炎武(1613—1682年)指出,《新唐书·地理志》记载的水利工程中的7/10建造于天宝(742—756年)之前。① 要知道,天宝是唐玄宗的年号,而安禄山之乱曾经使国家内战多年,破坏严重,唐朝的财力和威望比以前大为削弱,此后的治水活动衰退不前,便不难理解了。顾炎武说得对,也许在战争后,政府忙于征收赋税,无暇搞建设性劳动了,譬如鼓励农业和修缮水道等。②

北方治水遭到忽视

在古代中国,长江流域丛林密布,又潮又湿,给早期移民造成的困难要远远超过北方的大草原和黄河三角洲。但是,大规模的开发一旦开始——东晋(265—317年)大量移民之后的开发就是如此——长江流域就表现出巨大潜力,劳动和资本的回报也非常诱人,结果轻易地开始超越更古老、更先进的北方。

隋唐时期,通过开挖大运河,进步愈来愈快,而这一时期,南方也的确赶上了北方。然而,在最初,北方并没有完全被忽视。唐朝是

---

① 顾炎武,《日知录》,第12卷,第25页。
② 顾炎武,《日知录》,第12卷,第25页。

在北方兴起的朝代,把北方看作中国生活重心的政治惰性在唐朝依然很大,因此尽管南方已经取得了经济主导地位,但是在一段时间内北方并没有失宠。

继续重视北方产生的结果,可以从公元720年颁发的诏令中看出来,诏令这样描写关中:"原田弥望,畎浍连属,仓庾有京坻之积,关辅致亩金之润。"① 但是,随着唐朝的衰落和五代(907—960年)的战乱,民生凋敝尤以北方省份为重,北方遭忽视的迹象出现了。公元960年,宋朝经过斗争后崛起,重新统一中国,重心的转移就更加明显。从第三章的表格中可以清楚地看出这一趋势,其中列出的主要省份公共工程的数目如下:

北方省份

朝代	陕西	河南	山西	直隶
唐	32	11	32	24
北宋	12	7	25	20
金以及同时期的南宋	4	2	14	4

南方省份

朝代	江苏	浙江	江西	福建
唐	18	44	20	29
北宋	43	86	18	45
南宋	74	185	36	63

---

① 缪凤林:《中国通史纲要》,第1卷,南京,1932年,第68页。

值得注意的是，即使是在宋朝仍然统治着整个中国的北宋（960—1127年）时期，对南方发展的重视还是超过北方。①

五代时期长江流域的小分区

唐朝时期，长江流域贡献了大量的漕粮，但是作为巩固的经济区，尚未达到发展成熟的阶段。葛德石（Cressey）教授这样描述中国的地形特征："长江以南的中国南方，是一片丘陵和高山。"②

丘陵和高山把这一地区划分为六个独特的小分区，就当时的经济发展水平而言，这些小分区的统一困难重重。四川和云南、两广（广东、广西）把经济自给自足和独立的状态维持到了晚期；而另外四个实际上独立的地区则是自然地理分区。

这4个地区，每个都为唐朝瓦解后建立的独立国家提供了基础。太湖和钱塘江流域（今浙江、江苏南部）由吴越国（907—977年）占有。淮河流域和长江流域下游（今江苏北部、安徽和江西）是吴国（907—937年）的所在地，后来吴国被南唐（937—975年）所取代。

---

① 柳诒徵：《中国文化史》，第2卷，第218—219页。辽（907—1125年）和金（1115—1234年）统治北方省份，而南宋（1127—1279年）则建立在南方。但是，并没有关于辽代灌溉工程的数据。
② 葛德石：《中国的地理基础》，第41页。

有一段时间，福建属于闽国（907—945年），而现在的湖南，还有湖北的一部分，则属于楚国（896—951年）。[①]

由此可见，整个黄河流域几乎都是被"五代"（907—960年）先后统治的；而长江流域，由于唐代水利事业的发展，经济发展迅速，但是还不够发达，因此无法克服独立且自给自足的不同地区之间的自然屏障和历史障碍。

换言之，长江流域在唐朝就贡献了大量的漕粮，因此与黄河流域相比，它从总体上已经拥有了基本经济区的地位；但是，五代时期53年的历史表明，长江流域仍然由非常松散的单位组成，尚未发展成一个密切相连的均质区域。三国时期（220—280年），长江流域受文明的影响不大，还无法从地域上划分成大片鲜明而强大的地区。公元1279年，蒙古入侵，宋朝灭亡；此后，除了四川外，整个长江流域在文化同质性和交通方面都得到充分发展，它的主要部分融合成了一个地域单位。重要的是，自宋朝以后，中国一直没有出现持续的分裂。

中国历史上，两个明显的持续分裂时期并非源自外族入侵，它们分别是三国和五代。如果从经济基础或者基本经济区的角度看，三国分裂是由于对立的经济区兴起，削弱了主导地区的相对经济优势引起的；而五代时期则说明这样一个事实：生产力最高的地区尚未成为一

---

① 比较欧阳缨《中国历代疆域战争合图》中第29—32页的5幅地图，武昌，1933年。

个统一的单位，内部分化削弱了其潜在力量。

五代时期，黄河流域生产能力较差，但是更为统一、更有组织，因此虽然几十年都无法征服南方，但是仍然处于统治地位。后周（公元951—960年）是五代的最后一个朝代，它占领着黄河流域，搞了许多建设工程，特别是治水工程，加强了经济地位。[①] 这些成就增强了后周之后赵匡胤的经济和军事实力，也帮助他再次统一中国，建立了宋朝。

然而，宋朝作为统一政权并没有持续多久。异族一波波的入侵，把宋朝政权赶到了南方，结果有力地推动了长江流域在当时技术条件下的开发。到了南宋末年，长江流域与现代工业化前夕的长江流域在本质上已经可以相提并论了。

南宋时期湖床土地的开发

"大抵南渡后，水田之利，富于中原，故水利大兴。"[②] 从《宋史》中的这句话可以看出，开发长江流域的历史又迈出了划时代的一步。因辽（907—1125年）、金（1115—1234年）侵略者大举入侵，宋朝朝廷和大量臣民被迫携带财物南迁。

---

① 康基田：《河渠纪闻》，第5卷，第48—56页。
② 脱脱：《宋史》，第173卷，《食货志》，第29页。

《宋史》中有许多关于治水工程的记载。朝廷和官员似乎比过去任何朝代都关注灌溉事业。从其中的一项记载就可以看出发展灌溉的规模有多大。譬如，公元1174年，一位官员上报完成的治水工程多达24451项，能够灌溉辖区43个县的44242顷土地。①

　　宋朝把新首都定在杭州后，人口空前增加，刺激了农业生产率的提高，结果又导致对土地越来越多的需求。根据中国南部的地理条件，要解决这一问题，就要排空沼泽地甚至一些湖泊的水。结果就开发出了所谓的"围田"或"圩田"，在此称为"湖床或河床土地"，或简单称为湖床土地，这是中国南方农业所独有的特征。

　　至政和年间（1111—1117年），湖床土地开始引起人们的关注。南宋时期，通过排水和堤坝隔水，开垦了大片的湖床与河床土地，使耕地面积大大增加。通常，这些土地都比周围的水面低，如果堤坝有任何缺陷，都会造成洪灾和严重破坏。因此，经常维修堤坝，必不可少。

　　南宋时期（1127—1279年），很多维修工程、新圩田以及其他治水工程都是奉皇命修建的，这证明这些工程意义重大。即使到了后世朝代，圩田仍然是农业系统中的重要部分，为了把这些土地管理好，沉重的责任就落在农民特别是官员的肩上。圩田出了问题，农民要挨饿，政府的财政也会受到威胁。

---

① 毕沅：《续资治通鉴》，第144卷，第3页。

围田：一个重大社会经济问题

然而，在湖床、河床开垦农田产生了一个严重的社会经济问题。在半封建私有制的条件下，一个政府要受半封建土地利益所支配，农业生产对这样一个政府治水功能的绝对依赖，导致了根深蒂固的矛盾。

一方面，湖床土地特别肥沃，促使地主和农民扩大耕种面积。另一方面，侵占太多排水区的危险却无法消除，这是因为政府的性质让它无法形成一种合理的制度，可以恰到好处地发挥其职能，而这种危险却只有在严格的政府控制下才能避免。此外，官员常常以军事屯田为借口，霸占最好的土地，有时还堵塞至关重要的排水湖泊或者河流。南宋官员魏京如此描述这种局面造成的后果：

> 自绍兴末年始，因军中侵夺濒湖①水荡，工力易办，创置堤埂，号为坝田，民田已被其害。隆兴、乾道之后，豪宗大姓，相继迭出，广包强占，无岁无之。

> 陂湖之利，日朘月削，三十年间，昔日之曰江曰湖曰草荡者，今皆田也。夫围田者，无非形势之家，其语言气力，足以凌驾官府，而在位者，重举事而乐因循，上下相蒙，恬不知怪。

> 而围田之害深矣。议者又曰：围田既广，则增租亦多。于邦

---

① 可能是指太湖。

计不为无补,殊不思缘江并湖,民间良田,何啻数千百顷,皆异时之无水旱者。围田一兴,修筑塍岸,水所由出入之路,顿至隔绝,稍觉旱干,则占据上游,独擅溉灌之利,民间无从取水。水溢,则顺流疏缺,复以民田为壑。围田侥幸一稔,增租有几,而当税倍收之。田小有水旱,反为荒土。常赋所损,可胜计哉。①

许多类似文件和关于同一问题的更多记载,还可以在宋朝及后世朝代的史书和其他文献中找到。这种危害对国库的影响非常惊人,结果朝廷被迫采取整改措施,于是颁布诏令,禁止在湖床、河床筑建堤坝,但是于事无补。公元1183年,朝廷下令把诏令刻在石碑上,立在每块围田上,总共用了1495块石碑。② 但是,情况并没有多少好转。公元1196年,工部尚书袁说友在呈送给皇帝的一份奏疏中描述了这种局面:

浙西围田相望,皆千百亩,陂塘溇渎,悉为田畴,有水则无地可潴,有旱则无水可庠。不严禁之,后将益甚,无复稔岁矣。③

政府处理这件事显得无能为力,这是因为肇事者实际上是政府中最有权势的人。不仅地方政府如此,中央政府也是一样。宋朝学者马端临愤怒地指出,臭名昭著的朝廷大臣蔡京和秦桧,在长江以东先后拥有过围田。他继续说:

---

① 《钦定授时通考》,第12卷,第12—13页。
② 脱脱:《宋史》,第173卷,《食货志》,第35页。
③ 脱脱:《宋史》,第173卷,《食货志》,第35页。

> 大概今之田，昔之湖。徒知湖中之水可涸以垦田，而不知湖外之田将胥而为水也。主其事者，皆近倖权臣，是以委邻为壑，利己困民，皆不复问。①

然而，既然出现这种情况，就不一定非得把肥沃的湖床与河床用于农业。在一个地区，如果灌溉农业绝对需要密切合作和中央集中规划与管理，但是政府却毫无能力履行其集体管理者的职能，就会造成麻烦。假如中国出现这样一个中央集中规划和管理机构，那么利用最小的空间就可以满足湖河排水的需要，而且开垦的土地，也许要多于到目前为止开垦的土地。因而，整个问题的根源就在于土地制度和国家性质。

自从长江流域作为基本经济区在宋朝臻于成熟之后，一直就存在这样的社会经济问题。在我们这个时代，解决这一根本问题，以及土地所有制和政治权力的问题，依然是中国人面临的主要任务之一。这一问题的不同表现，影响到基本经济区的生产率，而这些表现产生的反响，在整个中国的版图上仍然感受得到。

元朝的大运河

受种种无法解决的严重问题所困扰，加上这些问题的影响日积月

---

① 刘可毅，《九通通》，第 9 卷，第 4 页。

累，南宋王朝逐渐衰落，最后被入侵的鞑靼人打败。鞑靼人建立了元朝或者蒙古王朝（1279—1368年），再次统一中国。

由于政治原因，蒙古人选择了北平（今北京——编者注）作为首都。北平，他们称为大都，是靠近他们家乡的战略要塞。但是，他们很快认识到，如果要坐稳中国的权力宝座，就必须依靠长江流域基本经济区作为供应基地。

但是，隋运河连接的是北平附近的涿郡和长江流域，路线迂回曲折，延伸到了远在西部的沁水流域，然后再次流向东部，与从淮安到扬州的南北向运河汇合。当初，人们规划的隋运河路线，是为隋朝和唐朝的首都长安服务的。后来，它也用来满足北宋的需要，因为北宋的首都位于开封。但是，当元朝把首都定在海河流域的大都之后，这条运河路线就没有那么方便了。

公元1128年，南宋军队掘开黄河大堤，蓄意破坏了运河北段。[①]另外，南宋与北方鞑靼王朝的长期军事斗争也对隋运河造成了破坏，因此等元朝掌握政权时，运河已经破败不堪了。

在元朝的某些时期，海运非常重要，但是对人的生命威胁极大，也会带来重大财产损失。元朝被迫继续依赖内陆运河运输。因此，重建大运河便成为元朝行政机构面临的主要任务之一。

元运河被明朝和清朝使用过，而且至今仍在使用，它由6个河段

---

① 康基田：《河渠纪闻》，第6卷，第79页。

组成。第一个河段从首都流向通州，称为通惠河。在治水权威郭守敬的监督之下，动用了19228名士兵、542名建筑工匠、319名水手和172名囚犯，从公元1292年春天到翌年秋天竣工。竣工后的运河长170里又104步。①

第二个河段称为白河，把通州和直沽（天津以北）连接了起来，为了方便粮食运输，元朝经常进行改建和疏浚。第三个河段从直沽通到临清，称为御河，实际是卫河的一部分，经过改善后能够通航。它的南端则流入会通河，会通河是元运河的第四个河段，水源来自汶水，从东昌（在山东省）须城县流到临清。会通河于公元1289年挖掘，长250里，有31个闸；这一工程共用了2510748个工日②。③

第五个河段称为扬州大运河，在三汊口（在山东省陵县）从会通河向南流。第六个河段是所谓的镇江大运河，从镇江流向常州的吕城堰。南方河段基本上是沿袭隋运河的路线。元朝和后来的朝代在这一河段所付出的努力主要是维护和改进。

---

① 柯劭忞：《新元史》，第53卷，《河渠书》，第1—2页。
② 一个劳工一整天的劳动，通常是从日出到日落，被称为一个工日。这种计算劳动量的方法在今天的中国仍然流行。
③ 柯劭忞：《新元史》，第53卷，第8—9页。

运河维护和黄河防洪

在元、明、清三朝,元运河是南方和北方的交通大动脉。这三个朝代官方面临的主要问题,是大运河的一段与黄河交叉引起的问题。

大运河的维护和黄河的防洪密切相关,这不仅凸显了两者的重要性,而且也使负责这两项工作的人在官僚等级制度中身居高位。明朝的官员和专家潘季驯对两种任务之间的密切关系阐述得非常清楚:

> 然以治河之工,而收治漕之利。漕不可以一岁不通,则河不可以一岁不治。一举两得,乃所以为善也。故元、宋以前,黄河或北或南,曾无宁岁。我朝河不北徙者二百余年。此兼漕之利也。①

就此而言,必须指出:在整个中国半封建时期,政府总是认为粮食运输的利益高于灌溉或者防洪的利益。前者主要是一种占用行为,换言之,是统治者对统治成果的直接享受,而且很显然,他们必须通过漕粮供养军队以维持政权。灌溉和防洪则是更直接关乎农民福祉的问题,尽管也很重要,但是与占用和权力的关系没有那么密切。

半封建时期官僚机构目光短浅,这也许是其所处地位不可避免的结果;这种目光短浅,可以从公元 1588 年潘季驯呈送皇帝的一份奏疏中更为清楚地看出来。他在奏疏中说,靠近三门和溃津的黄河之下的堤岸容易决堤,是因为"非运道所经,往往忽视"。② 潘季驯批评

---

① 潘季驯:《河防一览》,第 3 卷,第 36 页。
② 《河南通志》,第 14 卷,第 23 页。

这种忽视行为，不是因为它给河南省数百万人带来苦难，而是因为"上源既决，运道未有不阻者"。

数百万人的苦难，只要没有酝酿升级为叛乱，就绝不会让统治者动心，这与财政经费紧张和必须维持拨款的权力截然不同。上文提到的防洪政策导向，就源自这一令人悲哀的事实。这是强权政治的法则，它决定了治水发展的进程，支配了中国历史上基本经济区的转移。

将海河流域开发为基本经济区的尝试

元朝最大的治水成就是元运河。第三章的数据表明，它的治水记录，总体上远远落后于明朝和清朝。明朝的治水活动，有良好的开端，这要归功于开国皇帝明太祖。他在统治之初就下令，收到官员和人民涉及"水利"的奏疏，必须马上呈送给他。

洪武二十七年（公元1394年），明太祖命令工部对陂、塘、湖、堰进行必要的修缮，于是首都的监生和专家受命去各省监督工作。翌年冬天，各地呈送的报告显示，总共完成治水工程40987项。①

清朝治水活动的记录也很出色。康熙（1662—1722年）、雍正（1723—1735年）和乾隆（1736—1795年）年间，都对灌溉和防

---

① 张廷玉：《明史》，第88卷，《河渠书》，第1页。

洪工程给予了很大关注。这三个时期的治水活动,大都多集中在主要漕粮供应地长江流域,但是却忽视了北方的省份。

但是,并非所有北方省份都运气不济。海河流域的畿辅(都市区)是首都所在地,受到了特别对待,在中国治水史上谱写了非常有趣的一章。受到特别对待的原因有两个。第一个原因,明朝官员徐贞明(1590年去世)已经阐述过。在建议提高首都地区防洪能力的一次上书中,他表示,必须高度重视维持首都军队的粮食问题,"宜近取诸畿甸而自足。乃食则转漕,兵则清勾,若皆取给于东南,不可一日缺者"。[1]

第二个原因,清朝著名官员林则徐(1785—1850年)阐述得十分清楚,他是1840年在广州进行"禁烟运动"的钦差大臣。他在呈送皇帝的奏折中指出:"国家建都在北,转粟自南,京仓一石之储,常糜数石之费,奉行既久,转输固自不穷。而经国远猷,务为万至计,窃愿更有进也。"[2] 在该奏折中,他计算得出,如果在直隶(今河北)再开垦土地两万顷,每年能够生产的粮食就相当于从南方运来的400万担漕粮。[3]

因此,为了节省运费和使首都的粮食——特别是军队的粮食——实现自给自足,元、明、清三朝的官员屡次提出把直隶变成"第二个

---

[1] 徐光启:《农政全书》,第12卷,第8页。
[2] 《畿辅通志》,第91卷,第71页。
[3] 《畿辅通志》,第91卷,第71页。

江南"的计划，换言之，就是在首都附近成立一个基本经济区。

公元 1353 年，根据宰相脱脱的建议，元朝皇帝颁布诏令，把海河流域西至西山，东到迁民镇，南抵保定、河间，北及擅、顺的全部政府土地和过去用于军屯的土地，分配给佃户，实行谷物分成佃种。佃户迁居之初，政府提供工价、农具和种粮。还从长江沿岸省份，招募了约 1000 名善种水田的农民和 1000 名灌溉工程建设能手，给佃户提供指导。《元史》记载，通过这些举措，该地区年年都大获丰收。①

元、明、清三朝的许多官员，都进行过类似的尝试，提过类似的建议。但是，就本研究的目的而言，详细探讨实无必要。他们论证的思路相似，不同建议的要点和实际效果都具有可比性。脱脱所做的，是最早期的尝试之一，它提供了一种范例，后来的讨论经常提到。

然而，这一系列开发海河流域的尝试，产生的直接结果并不十分鼓舞人心。虽然实施了改进措施，偶尔会有丰收的喜报，但是想用直隶产的粮食代替来自江南的漕粮、不再从南方运输粮食的愿望从未实现过。

---

① 《畿辅通志》，第 90 卷，第 5 页。

元明清时期的基本经济区长江流域

唐朝（618—907年）时期，长江流域下游地区已经获得了基本经济区的地位，但是由于内部各地区之间联系松散，它的政治意义并非决定性的。到了南宋（1127—1279年）时期，该地区迅速崛起，它的内部联系日益紧密，更加团结，并在后世三朝得到了进一步发展。

元朝（1279—1368年），或者说蒙古王朝，是一个侵略者建立的政权，它在北方统治着中国，但是在整个元朝时期，朝廷对南方的富足表现出某种恐惧，对南方的潜力感到焦虑。为了减少恐惧，他们采取的政策是完善漕运制度，力图把直隶变成第二个江南。

明朝开国皇帝朱元璋，当年在淮河流域起事打天下时，已经发现自己的最大敌人就在长江流域。因此，他一统天下后，便定都金陵（南京）。出于纯粹政治原因，明成祖又把首都迁往北方。从此，明朝跟元朝一样，也开始焦虑重重，因为政治基地和经济基地距离太远。出于跟创建元朝的蒙古人相同的原因，清朝也定都北京，而且在整个统治时期，也为同样的重要问题寝食难安。

南京是长江流域的主要城市，它的重要性与日俱增，这说明了长江流域作为政治与经济重心的吸引力。一个支持太平天国（1851—1864年）的文人，对南京的重要经济地位作了精辟描述：

> 湖北、河南、金陵（南京），皆为天下（中国）之中，然湖北、河南皆有水患，惟金陵地势崇隆，民情富厚，且天下粮食尽

出于南方，如江西、安庆等省顺流而下，运粮亦甚便易。至浙江、江苏，其地更近，尤为迅速。若东西南北，万邦皆来附，为适中之地，宜建天京者也。①

他写这段话时，南京是长江流域真正的领导城市；后来，基本经济区的性质和作用发生了变化，南京成为上海的政治附属，地位非常尴尬。上世纪（19世纪——译者注）中叶，中国的封闭状态被打破，中国历史进入一个新的时代，以南京为主导城市的长江流域作为基本经济区的地位也遭颠覆。

一般结论——基本经济区性质的改变

迄今为止，基本经济区这一概念，作为一种研究区域关系的概念手段，已经帮助阐明了中国半封建时期区域关系的特征。在这一时期，农业——特别是灌溉农业——是一种主要产业，农业生产要依赖国家建设各种治水工程并维持其正常运转，地主官僚统治的国家机器把治水活动当作政治斗争的经济武器，同时也视之为一种发展和维护基本经济区充当经济基地的主要手段，目的是对一群独立程度不同的自给自足地区进行统一控制。这种性质的国家与现代国家截然不同。它内

---

① 沈世初：《建天京于金陵论》，《太平天国史料第一集》，第2卷，第9页。

江苏围田　中国南方独特的围田和圩田,虽然生产效率惊人,却因为破坏了湖泊、水库的治水功能,引发尖锐的社会矛盾。

部组织非常松散，各地区自给自足，这些特性使其区域关系问题更为重要、更加困难，而基本经济区作为国家统一的物质基础则更为必要。这样一个国家，自然把它的公共治水工程看作一种武器，由于它几乎时时都急需巩固其基本经济区，因此政策也有意无意地受此支配。

然而，必须指出，基本经济区这一概念，是为了研究从公元前255年到公元1842年的历史过程特别提出的；但是，19世纪中叶，中国被迫开放世界贸易，同时受到工业主义的影响，发生了巨大变化，因此这一概念便不再适用了。随着铁路的修建、工业和贸易的发展、海外贸易的出现，公共治水工程作为政治武器的重要性已经大大降低。而农业生产率，作为衡量政治和军事力量的尺度，也失去了支配意义。

中国的主要政治问题，不再仅仅是不同地区之间的地区霸权问题，而是帝国主义列强瓜分中国的问题。通商口岸，作为列强经济和政治活动的基地，已经发展成强大的经济和政治重心，每个口岸控制着中国的一个主要地区。不同的口岸，主要是上海、汉口、广州和天津，引导着中国的经济和政治生活向不同的方向发展，于是出现了地方分化和相互斗争的新局面。新区划的地理轮廓，与过去主要以地形条件为标志的划分仍然大致吻合；但是，新区划的地理基础和意义，与过去则迥然不同。假如将基本经济区这一术语用于这一新局面，它的意义必须大幅引伸，甚至几乎要重新定义。譬如，在今天的中国，长江流域似乎仍然占据主导地位，但是它已不再是本文意义上的基本经济区了。中国的开放,结束了中国历史的一个阶段,因此必须提出新的概念,才能描述新关系,分析新情况。

参考文献

（重要中文资料，另附说明）

一、书目和一般参考书

1. 中文类

瞿宣颖，《方志考稿》。1930年，第1版。私人出版。目前只出版了甲集（3卷），如果全部出齐，将记述天津藏书家任凤苞的大约1500种地方志。

范文澜，《正史考略》。1931年，北平文化学社出版，294页。

该书用于查阅有关二十五史的史料，既方便又可靠。

毛雍，《中国农书目录汇编》。1924年，金陵大学图书馆发行。本书列举了86种水利文献。

欧阳缨，《中国历代疆域战争合图》。1933年，武昌，亚新地学社，第3版。包括46幅地图和说明。该书不太令人满意，但这是关于该主题最好的书。

苏甲荣，《中国地理沿革图》。1930年，上海，日新地理学会，修订第3版。

臧励和等，《中国古今地名大辞典》。1931年，上海，商务印书馆，1410页。这是关于该主题的最佳图书，内容最为全面。

袁同礼等，《国立北平图书馆方志目录》。1933年，国立北平图书馆出版。本书收集了世界上最多的方志，共5000多种，其中包括许多珍本。

2. 西文类

考狄（Henri Cordier），《西人汉学书目》。一本关于中华帝国的图书目录辞典。第二版，修订并增加大量补充材料。巴黎，E. 屈尔米特出版社。1904—1908年。4卷，补充及索引，1922—1924年，巴黎，P. 库特内出版社。

富路德（L. C. Goodrich）和芳泰瑞（H. C. Fenn），《中国文明与文化历史纲要》。配有地图和图表。纽约，美国中国学会，1929年，

51 页。本纲要包括详细、精选的有关中国历史的英文文献目录。

黄伯禄（P. Hoang），《中西历对照表》，《汉学丛书》，第 29 期。上海，天主堂印书馆，1910 年。

欧森南（E. L. Oxenham），《中华帝国历史地图》。书中记载了中国主要朝代的主要城镇和大都市的名称。第 2 版在提供原始地图的基础上配有英语作为对照。伦敦，皇家地理学会，1898 年。

白挨底（G. W. H. Playfair），《中国地名辞典》，第 2 版。上海，别发书局，1910 年，582 页。

张璜（Mathias Tchang），《欧亚纪元合表》，《汉学丛书》，第 25 期。上海，天主堂印书馆，1905 年。该书是查阅历史资料的最佳参考书。

二、中国治水专著

1. 中文类

靳辅，《治河方略》。10 卷，作者崔应阶，1767 年，是清朝著名官员，成就主要是在治水方面。本书包括：黄河、大运河和淮河的详细地图；作者作为高级治水官员的档案资料；黄河洪灾和防洪活动年表；黄河、大运河和其他河流的历史河道研究；湖泊池塘的状况。书末附有一篇陈潢撰写的治水技术原理的文章，他是著名的治水专家，一直担任靳辅的幕僚。本书是治水领域的经典之作，可与潘季驯的《河防一览》相提并论，后世的官员以此指导工作。

傅泽洪，《行水金鉴》。175卷，1725年。《四库总目提要》认为，本书对基于灌溉、水运和治河目的开凿渠道的探讨最详细、最全面。它主要是由广泛摘录的不同原始资料组成，还包括各主要河流的许多有趣地图（《四库总目提要》，69卷，第6页）。1831年，江南副总河潘锡恩完成了156卷的《续行水金鉴》，其中包括一卷地图。这套书最初是由江南河道提督军务黎世序开始撰写的。

胡渭，《禹贡锥指》。20卷，1705年初版。对《禹贡》进行了详细、权威的评注。研究的内容非常广泛，可以认为是中国历史地理的一部专著。对历史上黄河河道变迁的研究和汉唐宋元明几个朝代黄河改道的那卷地图的描述，是本书的最大特色，几乎也是后世研究该主题的所有著作的基础。《四库总目提要》说，胡渭查阅了几乎所有现存的关于《禹贡》的评注，还有地方志和舆图，指出在宋元明三朝几十位学者撰写的数十部《禹贡》评注中，这是最出色的一部。（《四库总目提要》，第12卷，第85页）

康基田，《河渠纪闻》。20卷，霞荫堂版，1804年。在本书序言中，著名桐城学者姚鼐提到了康基田担任江南河道总督期间取得的丰富治水经验。他以工作认真而著称，而且常常亲自和下属参加田野工作。这本著作展现了渊博的学识、实用的知识和深刻的历史见解。它几乎涉及了各个朝代的所有治水活动，是该领域的力作之一。

顾士琏，《水利五论》。1655年刊印，成为《棣香斋丛书》（即《娄东杂著》）的一部分。

刘光黎，《中国土木行政》。北京，内务部印书局，198页。本书写作质量不佳，说明作者对该主题缺乏认识，但是书中收集的事实材料仍然有价值。

潘季驯，《河防一览》。12卷。刊印日期不明，但是序言写于1590年。作者曾四度担任总理河道都御史，在嘉靖（1522—1566年）和万历（1573—1620年）年间，积极主事达27年。毋庸置疑，他是明朝该领域的最大权威。书中有一幅黄河和大运河的详细地图，并附有注释和评述。书中还收录有关治河与水运的诏令、奏疏和其他公文，以及作者对此主题各个方面的有启发性讨论，这些讨论的形式是与一个怀疑自己观点的假想者进行辩论。若干个世纪以来，田野工作者一直把本书作为指南。清朝的《四库总目提要》告诉我们，"后来虽时有变通，而言治河者终以是书为准的"（《四库总目提要》，第69卷，第3页）。

施笃臣，《江汉堤防图考》。3卷，1568年刊印。书中有一篇有趣的关于长江流域治水问题的长篇引言。每一幅地图都附有大约两页的文字说明。

宋希尚，《说淮》。1929年，南京，京华印书馆，152页。附有地图和表格。

董恂，《江北运程》。40卷，清朝后期刊印，准确日期不明。

书中有一幅大运河的详细地图、沿途各地的名称以及各地之间的距离。几乎记载了从北平到扬州运河主河道的所有陂塘和水闸。

2. 日文和英文类

青山定男,《唐宋汴河考》(日文),《东方学报》,东京,第2期(1931年12月),第1—49页,附有地图。东方文化学院出版。东京,东京研究所。

贾礼士(W. R. Carles),《中国的大运河》,《皇家亚洲文会北华支会会刊》,第31卷,第1期,1896—1897年,第102—115页。

富兰克林·H. 金(F. H. King),《神奇的中国运河》,《国家地理杂志》,华盛顿,1912年10月,第931—958页,附有地图和插图。

三、地方志以及其他地理文献

1. 地方志

何绍基等,《安徽通志》。360卷。1877年刊印。第61—64卷为河渠卷,第65—68卷为水利卷。

沈翼机等,《浙江通志》。283卷,序写于1736年,书刊印于1899年。第52—61卷为水利卷。

黄彭年等,《畿辅通志》。300卷,1871年呈送朝廷,1910年刊印。

第75—91卷为河渠卷。

陈寿祺等,《福建通志》。278卷,1829年完成,1868年刊印。第31—37卷为水利卷。

孙灏等,《河南通志》。80卷,序写于1869年,书刊印于1902年。第12—16卷为治河卷,第17—19卷为水利卷。

曾国荃等,《湖南通志》。314卷,序写于1885年。第46—47卷为堤坝卷。

张仲炘等,《湖北通志》。172卷,1921年刊印。第39—42卷为堤坝和防洪卷。

李迪等,《甘肃通志》。50卷,序写于1736年。第15卷为水利卷。

黄之隽等,《江南通志》。200卷,序写于1736年。第49—66卷为河渠卷。江南包括现在的江苏和安徽两省。江苏省没有出版省志。因此,关于江苏省的信息,特别是第三章的数据,采用了本通志中跟现在的江苏省有关的资料。

刘绎等,《江西通志》。185卷,序写于1881年,书刊印于1882年。第62—64卷为水利卷。

靖道谟等,《贵州通志》。46卷,1741年呈送,缺少治水的重要资料。

胡虔等,《广西通志》。279卷,序写于1801年。第117—120卷为水利卷,但是没有编年数据。

陈昌齐等,《广东通志》。334卷,序写于1822年。第115—119卷为水利卷。

吴中奇等,《临颍县志》。8卷,1660年版。

王轩等,《山西通志》。184卷,1887年刊印。第66—69卷为水利卷。

岳濬等,《山东通志》。36卷,序写于1736年。第18卷为防洪卷。

沈青崖等,《陕西通志》。100卷,1735年刊印,第39—40卷为水利卷。本书对关中历史上有名的水利工程,收集得最为齐全。

杨芳灿等,《四川通志》。204卷,序写于1815年。第23卷为堤坝卷。

冯桂芬等,《苏州府志》。150卷,1881年版。第9—11卷为水利卷。书中有详细的文件资料。郏亶1070年著的《吴门利书》,单锷1088年著的《吴中水利书》,是两部治水经典,都收入书中。

王崧等,《云南通志》。217卷,1836年刊印。第52—54卷为水利卷。

2. 中文地理研究

张其昀,《本国地理》。卷一和卷二。上海,商务印书馆。卷一,1926年,268页;卷二,1928年,490页。是目前最好的中文教科书。

顾祖禹,《读史方舆纪要》。130卷,彭元瑞编辑,宏道堂版,1774年。书中记载了中国自古代至17世纪的地理变化。书中包含对某些具有经济和战略价值的地区和地方的重要讨论。这是中国历史地理方面的最佳著作，对研究中国历史必不可少。日本学者青山定南编写的历史地理名称索引很出色，顾祖禹传略也很有见地，都附在书中。他还提供了这些名称对应的今名，并汇编成书，于1933年由东方文化学院（东京研究所）出版。

顾炎武，《天下郡国利病书》。120卷，成书于1662年。龙万育版，刊印于1811年。这部杰作特别强调中国地理的军事方面，但是也广泛涉及经济和政治问题。作者是第一个大量把地方志用作原始材料的著名学者。他广泛引用不同朝代的官员写给皇帝的奏疏以及杰出学者撰写的文章。这是研究中国历史、地理、经济学和政治军事科学的必读之书。

《禹贡》，关于中国历史地理的半月刊，由顾颉刚和谭其骧共同编辑，在北平出版。创刊于1934年。

3. 日文和西文地理研究

乔治·B. 巴伯（George B. Barbour），《中国的黄土》，《中国科学美术杂志》，第4卷，第8期和第9期。上海，1925年8月和9月，第454—463页，第509—517页。

C. E. P. 布鲁克斯（C. E. P. Brooks），《古往今来的气候：气候因素及其变化研究》。伦敦，欧内斯特有限公司，1926年。365页。

竺可桢，《中国历史时期的气候变化》，《地理评论》，第16卷。

纽约，1926年，第274—282页。

葛德石（George Babcock Cressey），《中国的地理基础》。纽约，麦格劳·希尔图书公司，1934年，394页。

A. E. 道格拉斯（A. E. Douglas），《气候周期与树木生长：树木年轮与气候和太阳活动关系研究》。华盛顿特区，卡耐基研究院，1919年，123页。第2卷，1928年，158页。华盛顿特区，卡耐基研究院，第289号出版物。

斐格莱（James Fairgrieve），《地理和世界霸权》。伦敦，伦敦大学出版社，1917年，355页。

朱利叶斯·哈恩（Julius Hann），《气候学手册》，"第一部分：普通气候学"。罗伯特·德·考里·沃德翻译。纽约，麦克米兰出版公司，1903年，429页。

谢立山（Alexander Hosie），《公元620—1643年的中国旱灾》，《皇家亚洲文会北华支会会刊》，第7卷（新系列），1878年，第51—89页。

谢立山（Alexander Hosie），《公元630—1630年的中国洪灾》，《中国评论》，第7卷，1878—1879年，第371—372页。

埃尔斯沃思·亨廷顿（Ellsworth Huntington），《种族的特性》（全名《受地理环境、自然选择和历史发展影响的种族的特性》），纽约，查尔斯·斯克里布纳父子公司，1924年，373页，主要是第148—204页。

W. G. 肯德鲁（W. G. Kendrew），《气候：论天气和气候原理》。牛津，克拉伦登出版社，1930年，320页。

W. G. 肯德鲁（W. G. Kendrew），《世界气候志》。牛津，克拉伦登出版社，1922年，374页。

罗德民（W. C. Lowdermilk）和J. 拉塞尔·史密斯（J. Russell Smith），《农民侵蚀问题札记》，《地理评论》，第17卷，第2期，纽约，1927年4月，第227页。

T. 利特尔顿·莱昂（T. Lyttleton Lyon）、埃尔默·O. 菲平（Elmer O. Fippin）和哈利·O. 巴克曼（Harry O. Buchman），《土壤：特性与管理》。纽约，麦克米兰出版公司，1915年。

A. 奥斯汀·米勒（A. Austin Miller），《气候学》。伦敦，梅休因出版公司，1931年，290页。

大村钦一（Kinichi Omura），《中国的政治地理》（日文），2卷。上海东洋协会出版。第2版，1916年。本书为该领域的权威之作。包括中国不同地区水路的实用地图。

夏之时（L. Père Richard），《中国坤舆详志》。耶稣会士甘沛澍（F. M. Kennelly）翻译。上海，土山湾印书馆，1908年。

费迪南德·冯·里希特霍芬（Ferdinand Paul Wilhalm Saron von Richthofen），《中国旅行报告书》，1870—1872年。第2版，上海，《北华捷报》编辑部，1903年。

F. 里希特霍芬（F. Richthofen），《中国黄土》，《地质地图》，1882年5月，第293页。

朱尔斯·西翁（Jules Sion），《季风的亚洲》。巴黎，阿尔芒·科兰，1928—1929年。2卷。

丁文江（V. K. Ting），《格拉内教授的"中国文明"》，《中国社会及政治学报》，第15卷，第2期。北京，1931年7月，第268页。

路易斯·A. 沃尔凡杰（Louis A. Wolfanger），《世界主要土类及其地理影响》，《地理评论》，第19卷，第1期。纽约，1929年1月，第106—107页。

四、关于中国历史的正史及其他著作

1. 正史（按年代顺序排列）

司马迁，《史记》，130卷。从远古到公元前122年。

班固，《汉书》，120卷。从公元前206年到公元24年。

范晔，《后汉书》，120卷。从公元25年到220年。

陈寿，《三国志》，65卷。从公元220年到265年。

房乔（房玄龄）等，《晋书》，130卷。从公元265年到419年。

沈约，《宋书》，100卷。从公元420年到478年。

萧子显，《南齐书》，59卷。从公元479年到501年。

姚思廉、魏徵，《梁书》，56卷。从公元502年到556年。

姚思廉，《陈书》，36卷。从公元557年到589年。

魏收，《魏书》，114卷。从公元386年到556年。

李百药,《北齐书》, 50卷。从公元550年到589年。

令狐德棻,《周书》, 50卷。从公元557年到589年。

李延寿,《南史》, 80卷。从公元420年到589年。

李延寿,《北史》, 100卷。从公元386年到581年。

魏徵等,《隋书》, 85卷。从公元581年到617年。

刘昫等,《旧唐书》, 200卷。从公元618年到906年。

欧阳修、宋祁等,《新唐书》, 255卷。从公元618年到906年。

薛居正等,《旧五代史》, 150卷。从公元907年到959年。

欧阳修,《新五代史》, 75卷。从公元907年到959年。

脱脱等,《宋史》, 496卷。从公元906年到1279年。

脱脱等,《辽史》, 116卷。从公元907年到1125年。

脱脱等,《金史》, 135卷。从公元1115年到1234年。

宋濂等,《元史》, 210卷。从公元1206年到1367年。

柯劭忞,《新元史》, 257卷。从公元1280年到1367年。

张廷玉等,《明史》, 332卷。从公元1368年到1643年。

柯劭忞,《清史稿》, 536卷。从公元1644年到1911年。本书具有亲清倾向,因此在中国曾遭到官方禁止。

2. 中文中国历史研究

《中国社会史论战》, 4卷。书中收集的是《读书杂志》最初刊登的专稿和文章。出版时间:第1卷,1932年5月;第2卷,1932

年3月；第3卷，目前尚未找到；第4卷，1933年3月。

谢无量，《中国古田制考》。上海，商务印书馆，1932年，95页。分析不够深入，但是所收的原始材料可用。

徐中舒，《耒耜考》。中央研究院，《历史语言学研究所集刊》，第2本，第1部分，第11—59页。北平，1930年。

顾颉刚，《古史辨》，2卷。北平，朴社。第1卷，1926年，104/286页；第2卷，1930年，545页。

顾炎武，《历代宅京记》，20卷。《碧琳琅馆丛书》。刊印于1907年。前两卷从总体上讨论了首都的选择问题，其余各卷则考察不同时期的首都所在地，如关中、洛阳、成都和建邺，还提供了城市、宫殿、寺庙建设年代的详细情况。《四库总目提要》称赞该书资料引用详细，考证细心，明确承认了顾炎武地理研究的权威地位。

郭沫若，《中国古代社会研究》。上海，现代书局，1931年，6/313/20/29页。

李秉华，《中国农业经济史》。纽约，哥伦比亚大学出版社，1921年，461页。

刘可毅，《九通通》，248卷。1902年初版。本书几乎转印了杜佑《通典》、马端临《文献通考》和郑樵《通志》中的所有材料，还有后来的作者为这三部书写的续书，只是删除了在各种书籍中重复出现的材料。

柳诒徵，《中国文化史》，卷一和卷二。南京，钟山书局，1932

年，528/544 页。胡适为本书写过一篇有趣的书评，刊登于《清华大学学报》（中文版），第 8 卷，第 2 期，北平，1933 年 7 月。

缪凤林，《中国通史纲要》，卷一和卷二。南京，钟山书局，1932 年，418/400 页。书并未完成。

谭其骧，《中国内地移民史——湖南篇》，《史学年报》，第 4 期，1932 年 6 月。这篇文章很有趣。

陶希圣，《中国社会之史的分析》。上海，新生命书局，1929 年，265 页。

陶希圣，《中国社会与中国革命》。上海，新生命书局，1929 年。320 页。

陶希圣，《西汉经济史》。上海，商务印书馆，1931 年，88 页。

万国鼎，《中国田制史》，第 1 卷。南京，南京书店，1933 年。394 页。

王志莘，《宋元经济史》。上海，商务印书馆，1931 年，150 页。

王桐龄，《中国史》，4 卷。北平，北平文化学社，384/800/590/430 页。

杨东莼，《本国文化史大纲》。上海，北新书局，1931 年，542 页。

3. 日文和西文中国历史研究

毕士博（C. W. Bishop），《从地理因素看中华文明的兴起》，《地理评论》，第 22 卷，第 4 期，纽约，1932 年 10 月，第 617—631 页。

陈正译，H. 索菲娅（Sophia）编，《中国文化论集》。太平洋国际学会中国分会出版。上海，1931年。

恒慕义（Arthur W. Hummel），《古史辨》第1卷，《中国科学美术杂志》，第5卷，第5期，1926年11月。

恒慕义（Arthur W. Hummel），《中国史学家研究中国历史的动态》，《美国历史评论》，第34卷，第4期，1929年7月。

赖德烈（Kenneth Scott Latourette），《中国人：他们的历史和文化》。2卷。纽约，麦克米兰出版公司，1934年。书中有很详细的参考文献。

李济，《中国民族的形成》。坎布里奇，哈佛大学出版社，1928年，283页。

柯金（M. Kokin），《"井田"——古代中国的农业制度》。俄文。岑纪译为中文，书名为《中国古代社会》。上海，黎明书局，1933年。其中有马札亚尔（L. Madyar）写的一篇很有价值的长序。书中广泛收集了关于该主题的原始材料，作者进行了有趣的讨论。

马札亚尔（L. Madyar），《中国农业经济研究》。中文。由陈代青、彭桂秋译自俄文。上海（最初由莫斯科于1928年出版。中文翻译，1930年），583页。一部很有启发意义的科学著作。

长野朗（Akira Nagano），《中国土地制度的研究》。日文。由陆璞译为中文，书名《中国土地制度研究》。上海，新生命书局，1933年，406页。

卡尔·拉德克（Karl Radex），《中国历史的理论分析》。俄文。

由克仁译为中文,书名《中国历史之理论的分析》。上海,辛垦书店,1932年,256页。

沙发洛夫(Safarov),《中国社会发展史》。俄文。由李恒人、刘隐译为中文,书名《中国社会发展史》。上海,新生命书局,1932年,560页。

K. A. 魏特夫(Karl August Wittfogel),《中国的经济与社会:亚洲农业学会科学分析报告》,莱比锡,赫希费尔德出版社,1931年。

五、其他参考书目

1. 中文类

梁启超,《饮冰室合集》。上海,中华书局,1926年版。

王祯,《农书》,10卷。元代著作。1314年初版。此处参阅的是1617年芙蓉楼版。本书内容为农业技术,附有插图,非常有趣。

2. 西文类

卜凯(John Lossing Buck),《中国农家经济》。上海,商务印书馆,1930年。(为金陵大学和太平洋国际学会中国分会发行。)

罗伯特·伯顿·巴克利(Robert Burton Buckley),《印度和埃及的灌溉工程》。伦敦,斯庞公司(E.& F.N.Spon Ltd.),河岸街125号,

1893年，348页。

富兰克林·海勒姆·金（Franklin Hiram King），《四千年的农夫——中国、朝鲜和日本的永续农业》。麦迪逊，威斯康星州，F. H. 金夫人出版社，1911年。附有插图。

马罗利（W. H. Mallory），《中国：饥荒之地》，纽约，美国地理协会，1926年，151页。

卡尔·马克思（Karl Marx），《不列颠在印度的统治》，《纽约每日论坛报》。1853年6月25日，第5页。

利昂·梅契尼科夫（Leon Metchnikoff），《文明和历史上的大江大河》。巴黎，阿谢特出版公司，1889年，369页。第11章（第320—363页）；黄河与长江。

弗拉基米尔·G. 西姆柯维奇（Vladimir G. Simkhovitch），《理解耶稣及其他历史研究》。纽约，麦克米兰出版公司，1921年，165页。注意《再论罗马的灭亡》一文。

理查德·贝尔德·史密斯（R. Baird Smith），《意大利的灌溉：一份呈送给东印度公司董事会的关于皮埃蒙特和伦巴第的农业水渠报告》。第1卷，历史和描述；第2卷，实用分析。伦敦，W. H. 艾伦出版公司，1852年。434页。

莱韦森·弗朗西斯·弗农-哈考特（Leveson Francis Vernon-Harcourt），《河渠的泛滥、控制和发展以及基于航运和灌溉目的的运河设计、建设和发展》，2卷。牛津，克拉伦登出版社，1896年，

705 页。

马克斯·韦伯(Max Weber),《普通经济史》,弗兰克·H. 奈特翻译。伦敦,乔治·艾伦和昂温有限公司,1927年,401页。

出版后记

"其兴也勃焉,其亡也忽焉",可有看不见的手拨动中国古代的历史周期律?从黄河哺育华夏文明,到长江流域富甲天下,经济格局的变迁又隐藏着怎样的财富密码?无数的大师、学者试图从故纸堆里寻觅世事变迁的秘密,却难以摆脱传统眼光的窠臼,有旧瓶装新酒之憾。本书作者是中国最早接受西方经济学严格训练的学者,用现代科学的研究方法另辟蹊径,给出了一个令人耳目一新的解释,留下了这部在世界范围内广受赞誉的经典著作。

中国历代政权为坐稳江山,必先维持一个稳定的政治中心;为供应政治中心大量人口的衣食，必须依靠一个基本经济区；中国以农业立国，建设基本经济区必先兴修水利。本书以历史上的水利工程建设为切入点，详细描绘基本经济区的拓展以及转移路线图，而历次基本经济区的变迁又伴随着政局的动荡乃至改朝换代，把整个古代经济史划分为三次统一与和平时期、两次分裂和斗争时期。

按照作者给出的线索，我们可以清晰地看到先民从渭河流域出发，逐步建设黄河流域、长江流域、珠江流域乃至独特的"天府之国"的过程，对于我们理解自己所处的这个大国的形成机制大有裨益，亦可对中国经济史乃至整个古代历史有个不一样的认识。

值得一提的是，本书作者还是当年中国共产党隐藏在国民党内部的地下工作者，是热播电视剧《北平无战事》主人公的原型之一，为解放战争的胜利作出了重要贡献，这无疑为本书增加了许多传奇色彩。

浙江人民出版社

后浪出版公司

2015 年 10 月

图书在版编目（CIP）数据

中国历史上的基本经济区 / 冀朝鼎著．岳玉庆译．
— 杭州：浙江人民出版社，2016.4
ISBN 978-7-213-07168-3

Ⅰ．①中… Ⅱ．①冀…②岳… Ⅲ．①经济区-经济史-中国-古代 ②水利史-中国-古代 Ⅳ．①F129.2②TV-092

中国版本图书馆 CIP 数据核字（2016）第 036784 号

书　　名	**中国历史上的基本经济区**
作　　者	冀朝鼎
译　　者	岳玉庆
出版发行	浙江人民出版社
	杭州市体育场路 347 号
	市场部电话：（0571）85061682　85176516
责任编辑	闻　史
责任校对	叶　宇
封面设计	李海超
印　　刷	北京京都六环印刷厂
开　　本	889 毫米 × 1194 毫米　1/32
印　　张	5.5
字　　数	8 万
插　　页	2
版　　次	2016 年 5 月第 1 版・第 1 次印刷
书　　号	**ISBN 978-7-213-07168-3**
定　　价	32.00 元

后浪出版咨询（北京）有限责任公司 常年法律顾问：北京大成律师事务所
周天晖 copyright@hinabook.com
未经许可，不得以任何方式复制或抄袭本书部分或全部内容
版权所有，侵权必究

本书若有质量问题，请与本公司图书销售中心联系调换。电话：010-64010019